Turbine seu cérebro

Plano gradual em 15 semanas

SEMANA 10

Um desafio para a mente

Será que faço o suficiente para cuidar do meu cérebro? O cérebro é uma máquina que funciona de maneira global. Quando calculamos, memorizamos ou simplesmente organizamos nossa agenda, nossas habilidades mentais interagem entre si. Por esse motivo, e do mesmo jeito que numa série de ginástica exercitamos nossos músculos para alcançar uma boa forma física, nossas habilidades mentais podem ser exercitadas mediante a realização de jogos divertidos. Além do mais, com os pequenos conselhos que são oferecidos nestas páginas, abriremos caminho para a criação de novos hábitos saudáveis para nossa mente.

1. Durante as próximas semanas, exercitaremos nossa mente, dedicando atenção especial a cada um dos seguintes âmbitos: compreensão, imaginação, organização espacial e temporal, raciocínio, expressão oral e escrita, criatividade, percepção, agilidade, abstração numérica, comunicação, concentração, memória e consciência.

2. Cumpriremos um plano de jogos para cada semana, contendo enigmas, caça-palavras, labirintos, ideogramas, embaralhadas, diretas etc., com o objetivo de exercitar todas as habilidades mentais.

3. Trata-se de um programa cuja intensidade aumenta paulatinamente. Seguiremos um roteiro de jogos que, a cada semana, ficará um pouco mais complicado.

As habilidades mentais

MEMÓRIA
Sem o hábito de exercitá-la, a memória ficará cada vez mais debilitada. Por outro lado, se a exercitarmos como convém, veremos com clareza como a memória melhora.

ATENÇÃO
A falta de atenção gera lembranças vagas e também faz com que não aproveitemos ao máximo o tempo que dedicamos a tarefas concretas.

CÁLCULO
Os exercícios de cálculo aguçam a mente e potencializam a concentração. Fazer vários tipos de cálculos, que sejam cada vez mais complexos, é um bom treinamento para não perder as faculdades mentais.

LÓGICA
Fazer exercícios de lógica reforça as sinapses das áreas do cérebro encarregadas do pensamento lógico.

LINGUAGEM
Em todas as facetas de nossa vida, são básicas a compreensão e a expressão de nosso pensamento. O desenvolvimento da capacidade verbal leva à melhora da compreensão e à aquisição de um vocabulário mais rico.

ORIENTAÇÃO ESPACIAL
A orientação nos permite conhecer o mundo tendo nós mesmos como ponto de referência.

Como avaliar os resultados?

Para contar os pontos nesses jogos, é preciso marcar o tempo. Em cada jogo, há um contador para anotar o resultado que tivermos conseguido de acordo com um destes dois sistemas:

Marcador 1: De acordo com o tempo de resolução

Devemos anotar o tempo que demoramos para resolver o jogo por completo. De acordo com o tempo empregado em minutos, marcaremos um X no campo correspondente. No exemplo a seguir, damos como referência o intervalo de 3 a 6 minutos:

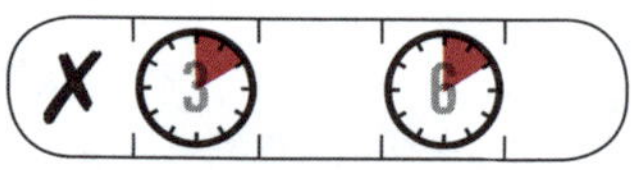

Se você demorar 3 minutos ou menos, marque o primeiro campo.

Se você demorar entre 3 e 6 minutos, marque o campo do meio.

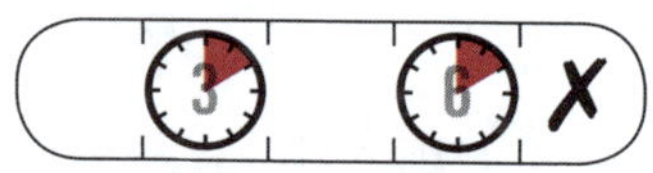

Se você demorar mais de 6 minutos, marque o último campo.

Se você abandonar o jogo, não marque campo algum. Sua pontuação será 0.

Marcador 2: De acordo com o número de respostas

São jogos com um tempo limitado de realização. Você encontrará, à esquerda do marcador, o tempo de que dispõe para realizar o jogo. Conte o número de acertos e marque o campo correspondente. Desse modo, neste exemplo, o número de acertos segue este esquema:

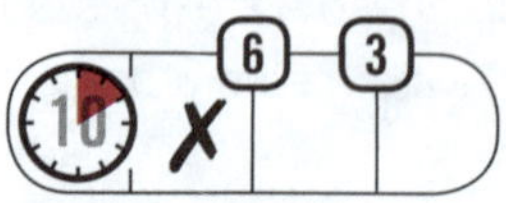

Se você acertar mais de 6, marque o primeiro campo.

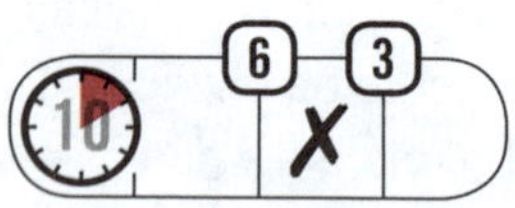

Se você acertar entre 3 e 6, marque o segundo campo.

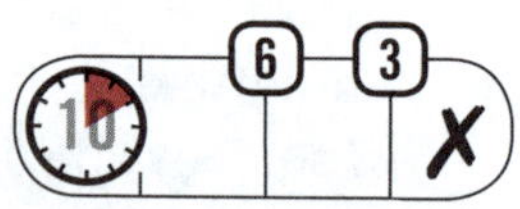

Se você acertar menos de 3, marque o terceiro campo.

Se você não conseguir nenhum acerto ou abandonar o jogo, sua pontuação será 0.

1 Quando você terminar seus exercícios diários, deve transferir os resultados obtidos para a tabela que se encontra no final do dia correspondente. Faça um círculo no campo equivalente a seu resultado para saber a pontuação que você conseguiu em cada exercício.

Avaliação diária

1	5	3	1	2	5	3	1	3	4	2	1	4	5	3	1
5	4	2	1	6	4	2	1	7	4	2	1	8	8	4	2
9	4	2	1	10	4	2	1	11	6	3	1	12	4	2	1
13	4	2	1	14	4	2	1					Total	44		

2 A soma dos pontos diários nos permite saber a pontuação da semana.

3 No fim da semana, você deve somar todos os pontos conseguidos.

Avaliação semanal

Dia 1	44
Dia 2	
Dia 3	
Dia 4	
Dia 5	
Dia 6	
Dia 7	
Total da semana	

Semana a semana, a dificuldade dos exercícios aumentará para que o desafio pessoal de exercitar a mente seja cada vez mais complexo. E lembre-se: o importante é treinar!

Semana 10:
A abstração

"Tudo aquilo que nunca vimos nem nunca escutamos ainda pode ser concebido, pois não há nada acima do poder do pensamento."
David Hume

A abstração é um processo mental superior, em que se apoiam a simbolização e a linguagem, graças ao qual podemos manejar ideias que não se referem a objetos tangíveis. Essa capacidade tem nos permitido gerar teorias para explicar os fenômenos que ocorrem ao nosso redor e também criar conceitos sobre questões que fogem a nossos sentidos. Alguém já viu um átomo? Alguém sabe onde se esconde a liberdade? É que o pensamento abstrato é uma das atividades mentais mais elevadas da cognição humana.

Objetivos da semana

Existem pessoas com uma grande capacidade de abstração, o que lhes permite pensar sobre complexos conceitos matemáticos e encontrar fórmulas para solucionar problemas diferentes. A importância do pensamento abstrato, porém, não se limita apenas à Matemática. Está presente em todas as ciências, na Arte e também em muitos dos pensamentos que temos durante cada dia de nossa vida. Na realidade, a abstração nos ajuda a gerar nosso modelo conceitual sobre o universo e o que ele contém, incluindo nós mesmos. Se, por meio desse processo mental, você pode deduzir a essência das coisas, não acha que seria interessante saber como funciona e como treinar isso?

1 Extrair a informação importante

A abstração lhe permite descobrir o que é importante naquilo que você percebe e atribuir um significado a isso.

2 Estimular o pensamento matemático

Se você estimular o raciocínio matemático, dará à sua mente uma oportunidade de cultivar o pensamento abstrato.

3 Criar símbolos

Os símbolos têm o poder de expressar de maneira imediata uma complexa rede de significados e ativam o processo de abstração deles.

4 Compreender os conceitos

Entender conceitos abstratos é uma função principal deste tipo de pensamento. A abstração concede profundidade a seu pensamento e à sua experiência.

5 Exercitar a lógica

Os exercícios sobre progressões lógicas estimulam o raciocínio abstrato e obrigam a analisar as características dos elementos e a descobrir suas relações.

6 Prestar atenção nos sonhos

A linguagem com que seu inconsciente lhe fala nos sonhos é fundamentalmente de natureza simbólica e abstrata. Por meio dela, você pode cultivar suas habilidades e talvez descobrir algo importante sobre si mesmo.

7 Desfrutar da arte abstrata

A arte é um elemento-chave de que você pode se aproveitar para exercitar sua capacidade de pensar, sentir ou atuar em termos abstratos.

Dia 1

Extrair a informação importante

Um aspecto básico da capacidade de abstração consiste em saber extrair a informação relevante do que você lê, escuta ou percebe por meio de algum dos seus sentidos. Como você reage diante de qualquer situação ou o que você aprende sobre o que está percebendo vai depender de sua capacidade de entender a mensagem de fundo.

1 Jogo dos erros

Encontre as 7 diferenças entre as duas imagens.

3 | 6 | 4

Lembre-se:

Jogue durante 3 minutos. Se nesse tempo você encontrar 6 diferenças ou mais, marque o primeiro campo. Se você encontrar entre 4 e 6, marque o segundo. E se encontrar menos de 4, marque o terceiro.

Escolha um artigo de opinião do jornal de hoje. Depois de lê-lo, tente resumir, no máximo em três frases, o conteúdo do artigo. Procure não utilizar nenhuma das expressões usadas pelo autor.

2 Imagens distorcidas

Descubra os nomes dos cantores escondidos neste jogo. Leve em conta que, para fazer este exercício, é provável que você tenha que olhar o livro de outro "ponto de vista".

Lembre-se:

Se você encontrar a solução em menos de 2 minutos, marque o primeiro campo. Se você levar entre 2 e 3 minutos, marque o segundo. E se levar mais de 3, marque o terceiro.

3 Triângulo numérico

5x3

Neste exercício, você deve inserir os números de 1 a 18 de forma que não se repitam e que se cumpram as somas das margens. Leve em conta as dicas do quadro a seguir.

EXEMPLO E DICAS

Os campos amarelos contêm números entre 1 e 9. Os campos verdes, números entre 10 e 19. Os campos furados contêm números pares. Aqui, você tem um exemplo e a solução.

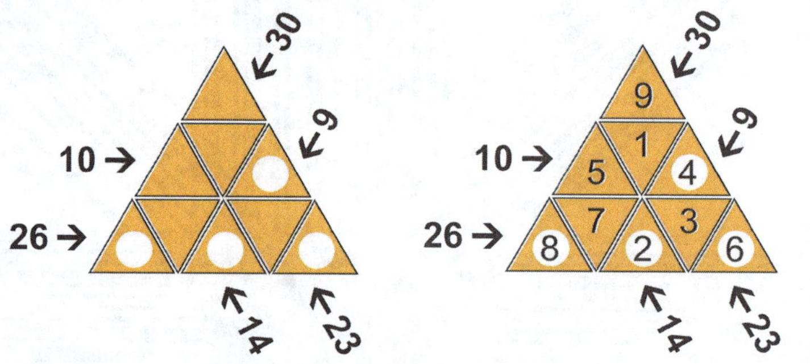

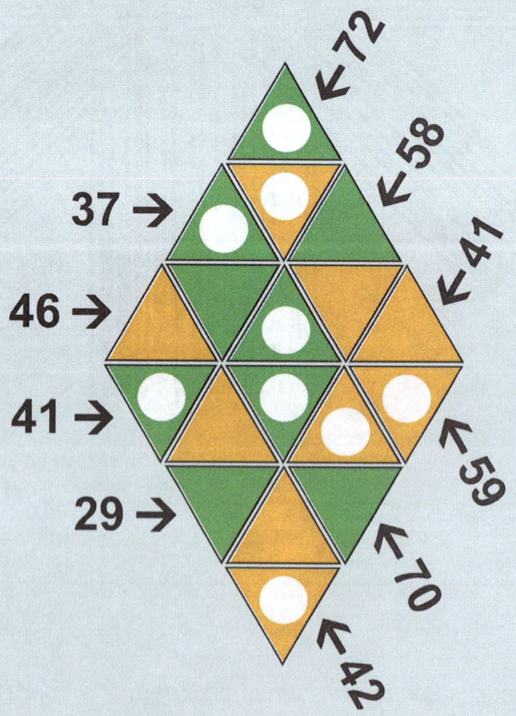

4 Roscas matemáticas

5x3

Qual é o valor da rosca, sabendo que os blocos laranja subtraem e os brancos somam?

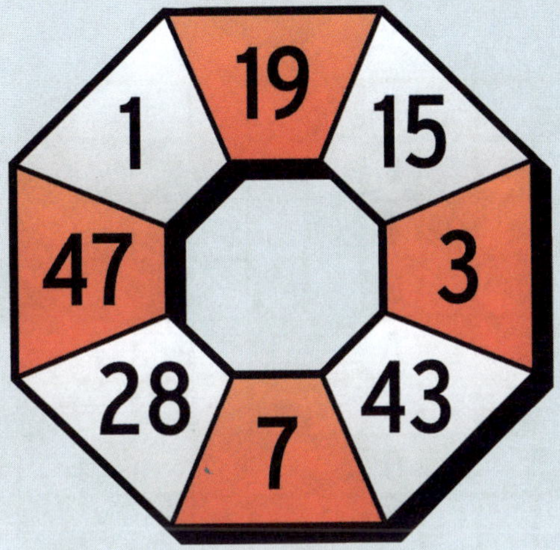

5 Verso musical

Insira adequadamente os campos cinza abaixo nos espaços vazios de modo que se leia o verso de uma conhecida canção.

	CÊ		SE	
NÃO		BE		NÃO

DIS	SA	SE	QUE	VO

6 Cruzadox

Neste jogo, você deve inserir as palavras da lista nos lugares corretos do diagrama. Comece com as palavras grandes. Depois, cruze-as com as demais palavras.

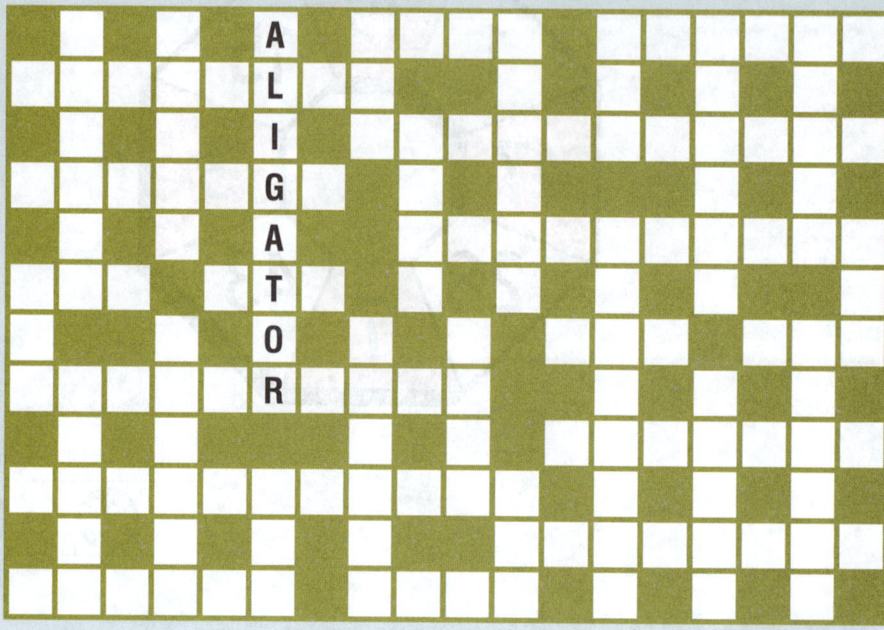

3 letras
Eis
Eva
Ipu
Ita
Lis
Ova
Sal
Sob
Tri
Uca

4 letras
Após
Gaze
Nabo
Tuba

5 letras
Achar
Adeus
Angra
Mudar

6 letras
Apenas
Arroba
Botija
Cadete
Enxame
Estria
Ocupar
Xadrez

7 letras
Avenida
Morango

8 letras
~~Aligátor~~
Impávido
Indireta
Tricolor

10 letras
Bancarrota
Brasileiro

11 letras
Desprezível
Intensidade

7 Correção de textos

Você é um bom corretor? Ainda que o corretor ortográfico de seu processador de textos corrija a maioria dos erros tipográficos, ele não é capaz de identificar os erros quando se trata de palavras bem escritas mas mal empregadas. No texto a seguir, não só há erros de ortografia como não há espaços nem sinais de pontuação. Você é capaz de corrigir e pontuar este texto corretamente?

EstimadaCristinaparabénspelagraduaçãosuamãemedisse-
quevocêjáédiplomadaseioquantovocêtrabalhouduronosulti-
mostrêsanoseoquantotemsidoresponsávelavidadeestudan-
tenãoédetodofácilmasvaleapenaoesforçovcêadquiriuhabi-
lidadesindispensáveiseagoraestáemumaposiçãoprevile-
giadanomercadodetrabalhoseutioeeugostaríamosdeconvidá-
laparaalmoçarparademonstraroquantoestamosorgulhososde-
vocêcommuitoamortiaCarmela

Se você tiver dúvidas neste exercício, pode consultar uma gramática. Repassar algumas regras gramaticais básicas também pode ajudar quando você precisar escrever um texto em suas atividades cotidianas.

8 Cruzada numérica

Complete o diagrama com os números que aparecem abaixo.

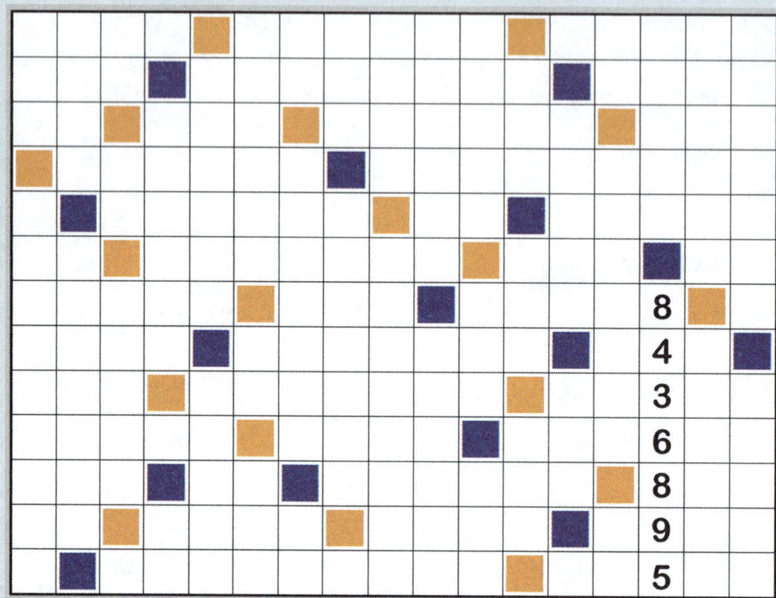

2 ALGARISMOS

31,41,44,45,52,53,56,65
67,74,75,87,88,89

3 ALGARISMOS

107,115,229,357,393,406
418,458,546,598,642,647
724,791,805,826,896,985

4 ALGARISMOS

1025,1326,1425,3822
4668,6073,7844,8745
8962

5 ALGARISMOS

10442,12580,23264
23624,23845,38574
53044,58962,77859
79968,85342,86597
92846

6 ALGARISMOS

124007,125643,174371
200045,288082,356829
435209,437216,467315
620398,705747,744967
960265

7 ALGARISMOS

1344204,2896741
4651791,5304723
5750474,5809041
8436895,9464348
9676655

8 ALGARISMOS

23598734,48424315

9 ALGARISMOS

234679431,450241579
745151543

9 Alfabeto: semáforo de sinais

Os navios que estão perto um do outro podem usar os sinais de braço ou o "semáforo de sinais" para se comunicar. Observe a correspondência entre as posições das bandeiras e as letras. Leve o tempo que precisar para memorizá-las. Em seguida, cubra o alfabeto com uma folha e descubra as palavras escritas com esse código. Um conselho: memorize, sobretudo, as vogais e as consoantes mais usadas.

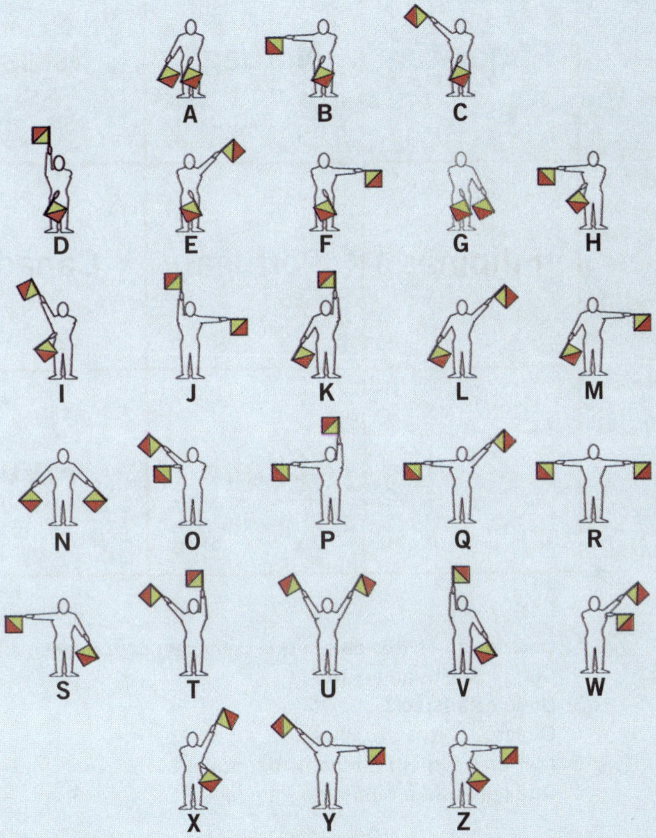

Famoso presidente sul-africano.

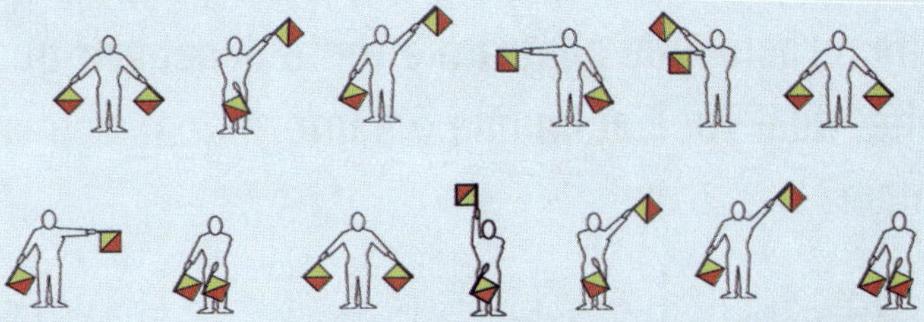

10 Memorizar tabelas

Agora você testará sua capacidade de retenção. Primeiro, deve cobrir as perguntas e memorizar as palavras da tabela. Em seguida, cubra a tabela com uma folha e responda às perguntas.

Paquistão 1	Noruega 2	Israel 3
Filipinas 4	Portugal 5	Canadá 6
Brasil 7	Chipre 8	Peru 9

1. **Onde estão os três países que começam com a mesma letra?**
2. **Que país está no centro?**
3. **Onde está Israel?**
4. **Quantos países são ilhas?**
5. **Que país contém um nome de mulher?**
6. **Que país está à direita do Paquistão?**

Trabalhe o raciocínio abstrato e tente descobrir qual é a peça que falta. Qual você acha que é a informação relevante nesta sequência?

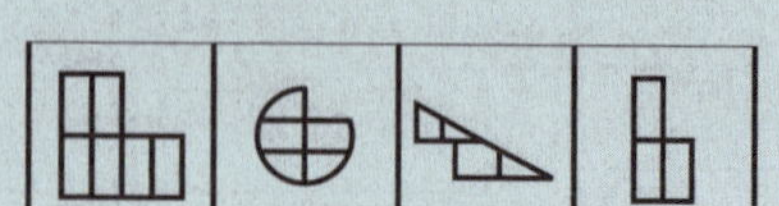

A B C D E

11 Círculos

Encontre a palavra oculta em cada círculo, tendo em conta que ela pode estar escrita no sentido horário ou anti-horário.

12 Adivinhação

As adivinhações, em grande parte, são jogos de palavras que têm como solução uma brincadeira. Outras são parecidas com uma charada, cuja resposta é determinada pela dedução lógica a partir de dicas. Aqui, apresentamos o seguinte:

> Com quinhentos começa.
> No meio, está o cinco.
> A primeira letra e o primeiro número ocupam as demais posições.
>
> Qual o nome do rei?

13 Entorno científico

Neste exercício, você deve descobrir o nome popular e o nome científico do animal da fotografia. Para isso, conta com uma imagem, o criptograma de suas letras (letras iguais correspondem a números iguais) e uma frase alusiva ao animal. Em volta da foto e começando pelo campo colorido, você deverá escrever o nome popular. Nos quadrinhos abaixo, deverá anotar o nome científico. As letras que aparecem somente no nome popular e/ou no nome científico já estão impressas.

1	2	4	1	7	3

10 P	2	5	6	3	6	11

Mensagem escrita com o mesmo código de correspondência de números e letras:
11, Í, M, B, 8, 9, 8, D, 7, 6, M, D, 8, 11, 11, I, 5, 4, 8, 11, D, 8, Z, 8, D, Í, 2, 1, 8.

Você sabe ouvir? Durante o dia de hoje, quando tiver uma conversa que vá além do protocolo social de costume, tente pôr em prática sua capacidade de abstração com o seguinte exercício: quando seu interlocutor lhe contar algo que aconteceu com ele ou que é importante para ele, faça um breve resumo do que entendeu com as próprias palavras. Você verá como, ao mesmo tempo em que se esforça para sintetizar a informação, contribui para que a comunicação flua melhor.

14 Acróstico

Neste exercício, você deve encontrar a palavra a que se refere cada definição e escrever a resposta no diagrama. Depois de completar todos os campos, na primeira coluna, você encontrará um autor, e o código do quadro abaixo trará uma citação dele.

1. **Cada uma das camadas de tinta. Perto; aproximadamente.**
2. **Material hospitalar que fixa o curativo.**
3. **Cidade (?), título dado ao Rio de Janeiro.**
4. **Grande macaco originário de Bornéu e Sumatra.**
5. **Ilha do Caribe onde se localiza a República Dominicana.**
6. **Escrita que segue a rapidez da fala.**
7. **Zeloso; cuidadoso.**
8. **Era (?): encerrou-se definitivamente com a Batalha de Waterloo (Hist.).**
9. **Período de escassez agrícola.**
10. **(?) pública, a preocupação da OMS. A estação das enchentes, no Sudeste.**

	A	B	C	D	E	F	G	H	I	J	K
1											
2											
3											
4											
5											
6											
7											
8											
9											
10											

Frase célebre

H9/J7; C2/B10/G3/K8/E3/J9/H6/F9; C6/E7/K1; I4/D1/E5; G9/B5/I3; K5/E10/F6/G7/F3/D5/I1/B7; D10/K4/J3; I6/B1/G5/C9/K7/B2; H8/J10/F4; J1/F8/D9/G10/E9/C1; F7/K6/H2/B3; D4/B6/G2/K3.

4 6 3

Avaliação diária

Dia 1

01	9 7 4	**02**	10 6 3	**03**	7 5 3	**04**	9 7 4
05	9 7 4	**06**	10 6 3	**07**	10 6 3	**08**	9 7 4
09	10 6 3	**10**	12 8 6	**11**	9 7 4	**12**	7 5 3
13	12 8 6	**14**	10 6 3			**Total**	

- Se você somou mais de **112** pontos, não baixe a guarda e seu cérebro continuará em forma.
- Se você conseguiu entre **72** e **112** pontos, obteve um resultado mediano. Se continuar treinando, conseguirá fazer melhor.
- Se sua pontuação não chegou a **72**, você precisa melhorar. Não desanime. Você está apenas no começo. Tudo é questão de treino.

Dia 2

Estimular o pensamento matemático

Hoje em dia, a Matemática está por trás de diversas disciplinas, da Informática à Estatística. Além do mais, muitas situações requerem nossa habilidade de lidar com os números, como, por exemplo, quando nos dão o troco no supermercado. E como disse Chico Ocaña: "A Matemática não ama, mas também não fala." Então não perca a conta!

1 Caminho

Complete a tabela com todos os números que faltam de maneira que você possa unir os algarismos de 1 a 25 em um só traço e sem que a linha se corte.

1			16	
4				
	12			21
			25	
	8			

2 Adivinhação

As adivinhações, em grande parte, são jogos de palavras que têm como solução uma brincadeira. Outras são parecidas com uma charada, cuja resposta é determinada pela dedução lógica a partir de dicas. Aqui, apresentamos o seguinte:

Se a metade de nove é quatro e a metade de doze é sete, qual é a metade de treze?

2

3 Problema

Mentiroso

No bosque do esquecimento, nós nos encontramos com o leão e o unicórnio. O leão mente às segundas, terças e quartas, e o unicórnio mente às quintas, sextas e sábados. Nas demais ocasiões, ambos os animais dizem a verdade. “Ontem foi a minha vez de mentir”, disse o leão. “Ontem também foi a minha vez de mentir”, disse o unicórnio.

De que dia da semana se trata?

4 Pirâmide de palavras

Neste jogo, cada resposta é formada pelas mesmas letras da anterior mais uma letra acrescentada que você deve descobrir. As dicas o ajudarão a encontrar cada uma das soluções.

_ _	**1.** Ferramenta do jardineiro.
_ _ _	**2.** Dupla; casal.
_ _ _ _	**3.** Tabaco em pó.
_ _ _ _ _	**4.** Descida vertical com corda (montanhismo).
_ _ _ _ _ _	**5.** Membrana que envolve os pulmões.

Desde a difusão das calculadoras de bolso e dos celulares, temos perdido o costume de fazer as contas mais simples. Proponha-se a abrir mão dessas ajudas e aproveite qualquer oportunidade de fazer cálculos mentalmente.

5 Roscas matemáticas

5x3

Qual é o valor da rosca sabendo que os blocos laranja subtraem e os brancos somam?

1 2

6 Sobreposições

!

Quantas mãos há e qual é a que está mais alta que as demais?

1 2

7 Fichas em branco

5x3

Neste exercício, você deve pôr as fichas abaixo sobre as que aparecem em branco, de forma que os pontos somem as quantidades indicadas em ambas as margens.

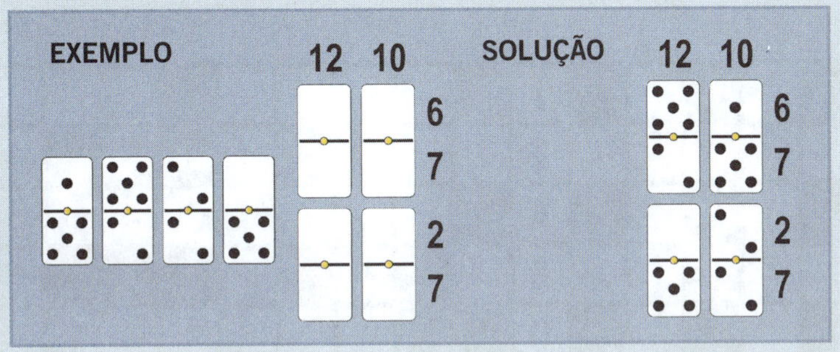

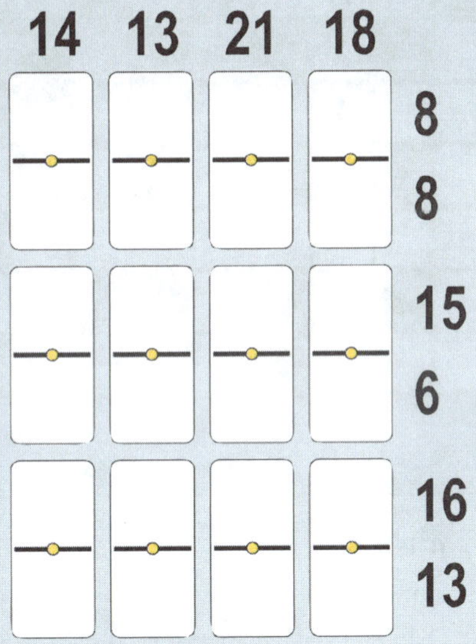

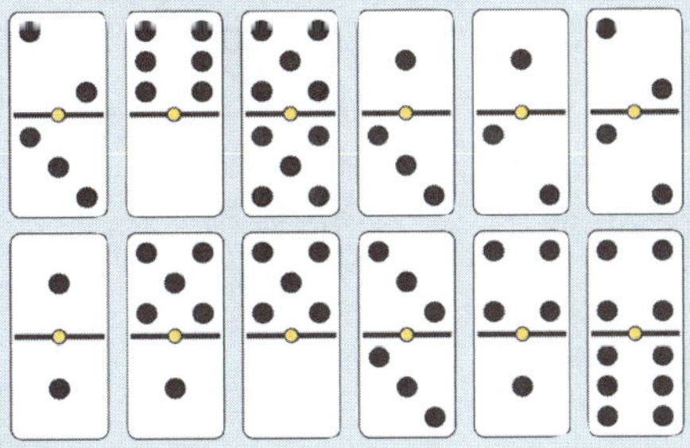

8 Cruzadox

Neste jogo, você deve inserir as palavras da lista nos lugares corretos do diagrama. Comece com as palavras grandes, a partir de seu número de letras. Depois verifique que palavras podem cruzá-las para saber se estão bem inseridas.

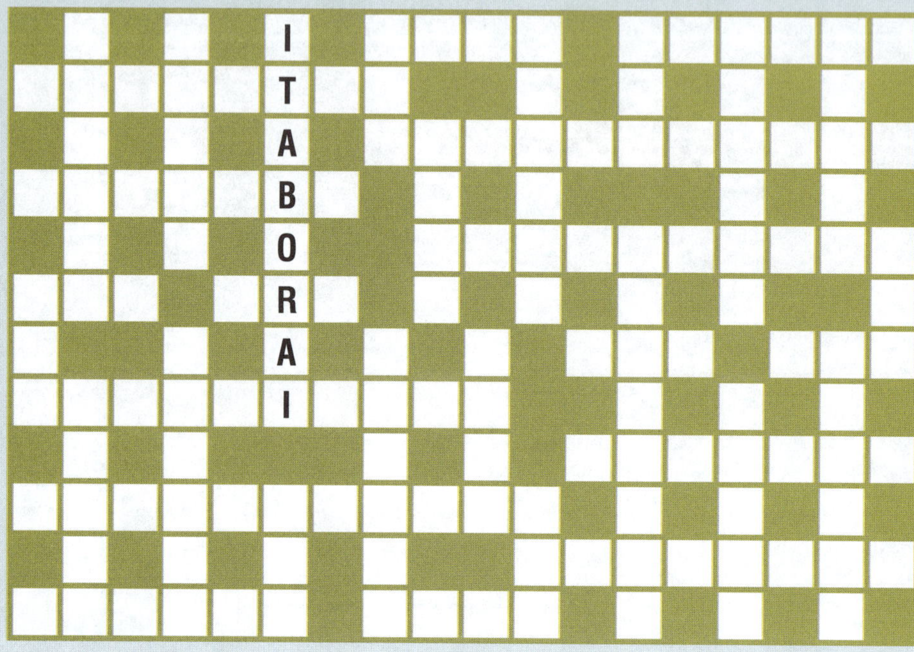

3 letras	4 letras	6 letras	7 letras	10 letras
Chá	Oiti	Avulso	Carimbo	Preguiçosa
Cru	Orla	Igreja	Crateús	Tributário
Dam	Paus	Joelho		
Ema	Pium	Jogada	**8 letras**	**11 letras**
Luz		Matriz	~~Itaboraí~~	Contrabando
Ohm	**5 letras**	Rodapé	Maionese	Tuberculose
Pac	Átona	Tragar	Modéstia	
Tez	Débil	Último	Usufruir	
Top	Madri			
Ubá	Roubo			

9 Hieróglifo

Ferramenta manual.

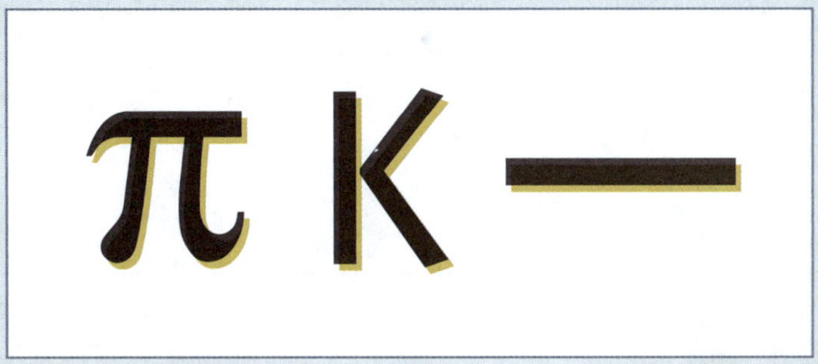

10 Simétrico

Encontre as três letras que não aparecem de maneira simétrica na imagem em negativo.

11 O mapa e os estados

Antes de cair na tentação de olhar um mapa, tente identificar o maior número de estados brasileiros que configuram este exercício em função de sua forma e de seu tamanho. Depois que você descobrir todos, vá para a página seguinte e olhe, no mapa, que letra corresponde a cada um deles. Com as letras dos estados dos números vermelhos, você descobrirá uma ave mitológica do Egito Antigo, enquanto com as dos números pretos, lerá o esporte como o turfe.

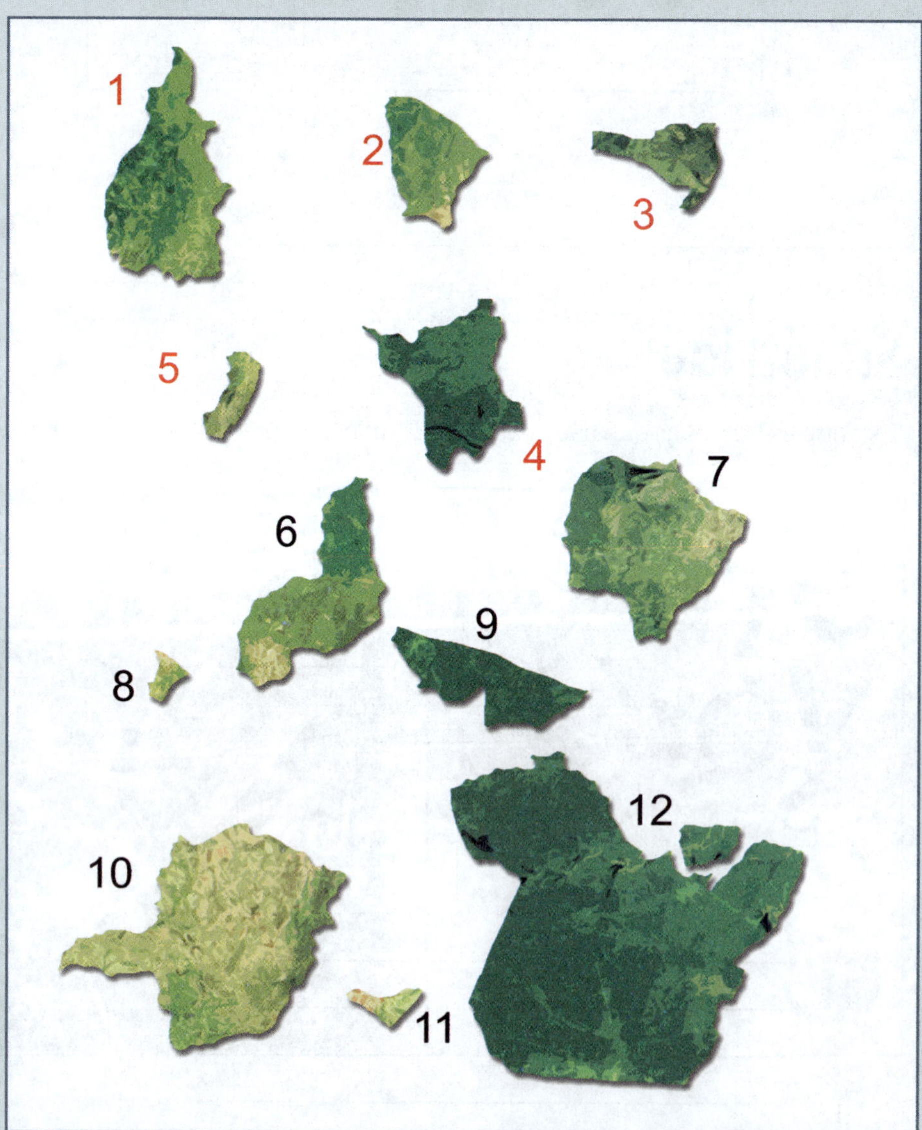

10 6

12 Anagramas

Você é capaz de reordenar as letras destes anagramas para formar os nomes de cinco estrelas de Cinema do passado e do presente? Os números indicam a quantidade de letras de cada palavra da solução.

1. SITUAR BELO RJ — 5, 7
2. ENSAIO FLOR — 5, 5
3. GENIAL ANJO LEI — 8, 5
4. CETIM URSO — 3, 6
5. FRONHAS DO RIR — 8, 4

4 2

13 Quem é?

Vendo só a imagem, você consegue descobrir quem é o personagem da foto?
Se não descobrir, você pode ler, pouco a pouco, as dicas abaixo para ver se assim o reconhece.

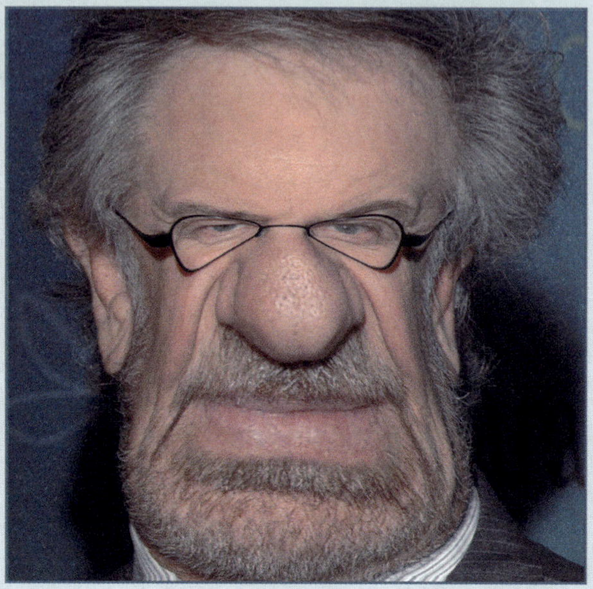

É diretor, produtor e já fez até papéis secundários em alguns dos mais de cem filmes que o trazem nos créditos, indo do drama à ficção ou à aventura, sem deixar de lado os filmes de animação.

Propomos um exercício um pouco complexo. Se você tiver filhos ou sobrinhos ou conhecer alguma criança em idade escolar, tente explicar-lhes com palavras o significado das operações matemáticas básicas, como a soma, a subtração, a divisão, a multiplicação e a raiz quadrada. Você se atreve a fazer isso?

14 Notícias

Você tiraria uma boa nota em uma prova de História? Neste exercício, você deve ordenar adequadamente cada um dos acontecimentos descritos em função da data em que ocorreram.

Morre o filósofo Kant.
Revolução dos Cravos.
O Japão invade a China.
Publica-se a primeira parte de *Dom Quixote*.
Promulga-se a primeira constituição do Japão.
Morre João Paulo II.
Criação da NASA.
Abolição da escravatura nos EUA.
Grande epidemia de gripe.
Desastre de Chernobil.
Naufrágio do *Prestige* na Galícia.
Morre Lênin.

4 | 10 | 6

Exercite o raciocínio lógico e descubra qual é a resposta correta nestas duas progressões:

4	5	7	10	?	9	14	21	13	11
					A	B	C	D	E

3	6	5	10	?	7	8	4	9	12
					A	B	C	D	E

Avaliação diária

Dia 2

01 9 | 7 | 4	**02** 7 | 5 | 3	**03** 9 | 7 | 4	**04** 7 | 4 | 2
05 9 | 7 | 4	**06** 10 | 6 | 3	**07** 12 | 8 | 6	**08** 10 | 6 | 3
09 7 | 4 | 2	**10** 7 | 5 | 3	**11** 9 | 7 | 4	**12** 9 | 7 | 4
13 9 | 7 | 4	**14** 10 | 6 | 3		**Total**

- Se você somou mais de **105** pontos, parabéns! Continue neste mesmo nível amanhã.
- Se você conseguiu entre **68** e **105** pontos, obteve um resultado mediano. Com a prática diária, chegará muito longe.
- Se sua pontuação não chegou a **68** pontos, você precisa melhorar. Continue jogando com atenção e amanhã, certamente, alcançará resultados melhores.

Dia 3

Criar símbolos

A mais antiga forma de representar conceitos é a simbolização: por meio de uma imagem, um objeto etc., expressa-se algo que possui muitos outros significados associados. Ao criar um símbolo, molda-se a essência de algo de forma abstrata. De fato, nossa sociedade é construída em torno de símbolos que nos transmitem informações sobre como devemos atuar, pensar ou sentir.

1 Jogo dos erros

! Entre estas duas imagens há 7 diferenças. Você pode marcá-las?

3 6 4

2

Triângulo numérico

5x3

Neste exercício, você deve inserir os números de 1 a 18 de forma que não se repitam e que se cumpram as somas das margens. Leve em conta as dicas do quadro a seguir.

EXEMPLO E DICAS

Os campos amarelos contêm números entre 1 e 9. Os campos verdes, números entre 10 e 19. Os campos furados contêm números pares. Aqui, você tem um exemplo e a solução.

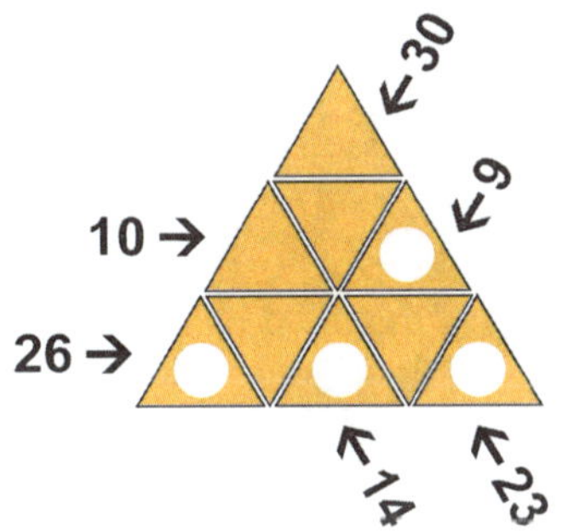

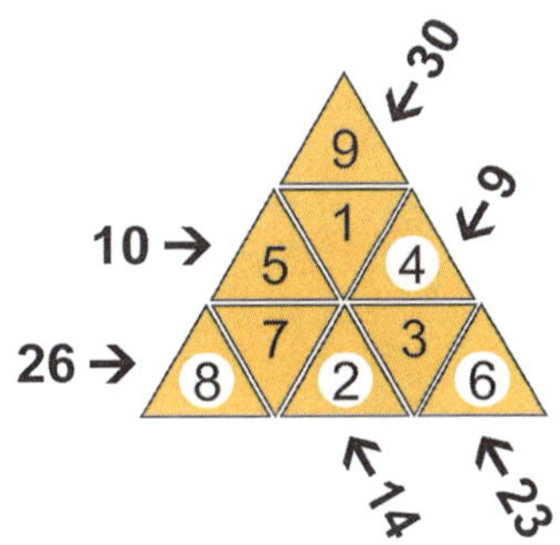

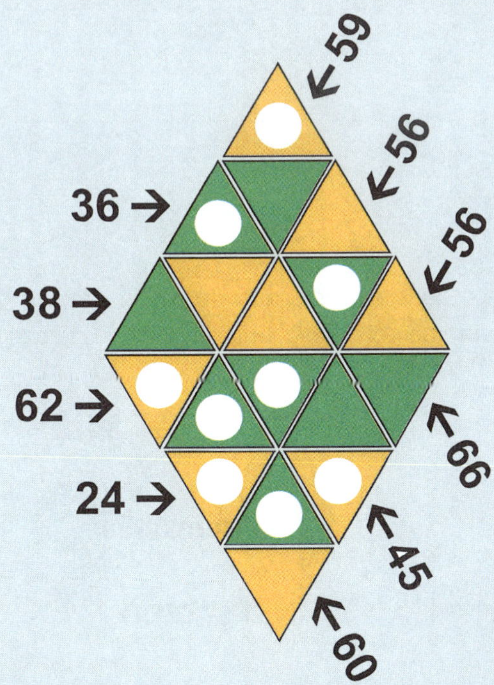

3

3 Dominó

Qual é o único número que não aparece nesta composição de cinco fichas?

4 Intervalo

Neste jogo, damos duas palavras de referência. Em um dicionário, você encontraria entre elas a palavra que deve descobrir, da qual lhe damos um sinônimo como dica.

PERPÉTUO

Misericórdia

PLÁCIDO

5 Combinações

Com uma série de letras, muitas palavras podem ser formadas apenas trocando-lhes as letras de maneira adequada e utilizando uma de cada vez. Por exemplo, se lhe disséssemos ALOPTSI (7 letras), seguramente você encontraria palavras de menos de 7 letras, como SI, ATO, PATO, ASILO e POSTAL, o que já seria um bom treinamento. Mas que palavra você consegue formar combinando todas as letras que lhe damos neste exercício?

Ã B R O Ç A R E A

6 Roscas matemáticas

Qual é o valor da rosca, sabendo-se que os blocos laranja subtraem e os brancos somam?

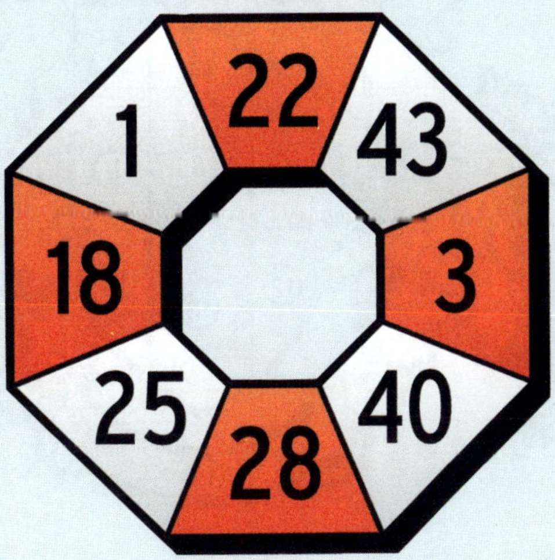

7 Heráldica

As partes dos escudos têm nomes. Na imagem, elas foram marcadas com um número. Abaixo você tem uma lista de palavras com uma letra associada a cada uma. Depois de ordenar essas letras em função dos números da imagem, você descobrirá um personagem.

S. Lambrequins
E. Cantão esquerdo do chefe
C. Cantão esquerdo da ponta
T. Suporte
A. Cantão direito do chefe
L. Cantão direito da ponta
A. Flanco esquerdo
A. Flanco direito

A. Divisa
I. Ponta
B. Chefe
O. Umbigo
L. Coração
C. Abismo
I. Cimeira

8 Bandeiras marítimas

Na Antiguidade, os barcos utilizavam bandeiras para transmitir mensagens uns aos outros. Cada bandeira era estudada para que se distinguisse perfeitamente das demais, sobretudo a distância. A seguir, você pode vê-las com as letras que representam. Estude-as bem porque, logo depois, deverá tapá-las e descobrir a palavra oculta, com a ajuda de uma dica.

Histórica batalha marítima.

9 Memória visual

Observe estes peixes durante um minuto. Em seguida, tape-os com uma folha e preste atenção à série de peixes a seguir.

Que peixe desapareceu e qual é o novo?

10 Correção de textos

Você é um bom corretor? Ainda que o corretor ortográfico de seu processador de textos corrija a maioria dos erros tipográficos, ele não é capaz de identificar os erros quando se trata de palavras bem escritas mas mal empregadas. No texto a seguir, não só há erros de ortografia como não há espaços nem sinais de pontuação. Você é capaz de corrigir e pontuar este texto corretamente?

Aprimeiranoitedomilêniosemostravacansati-
vaoenspetorchegouàmesaetomouocadernode
suasmãosestavaxeiodeanotaçõesfeitasàmão-
emminusculacontinhamalgumaevidênsiao
suspeitoeraumamulhervolumosaquemaucabi-
anacadeiranoprincípiocustouacompreendersua
reaçaomaspensouquesienquadravaperfeita-
mentenadescriçãoenessemomentovislunbroua
estranhaeassombrosarealidadenãomecontouto-
daaverdadedisseporfimencontrouaconexaoes-
támeacossandodisseelaeseucorpoentesoutanto-
quenemvirouacabeçaaoouvirotoquedacampainha

★ **Se você tiver dúvidas neste exercício, pode consultar uma gramática. Repassar algumas regras gramaticais básicas também pode ajudar quando você precisar escrever um texto em suas atividades cotidianas.**

11 Verso musical

Insira adequadamente os campos cinza abaixo nos espaços vazios de modo que se leia um trecho de uma famosa música.

	GUA		FON	
CAN		DE		BER

DA	BE	SEI	A	TE

Pense em algo importante (positivo ou negativo) que tenha acontecido com você durante a última semana ou o último mês. Já pensou? Pois bem, pegue uma folha em branco e faça um desenho que represente isso. Não importa se você não sabe desenhar. O importante é a ideia. Se quiser, mostre o desenho a alguém próximo e, antes de explicar o que significa, pergunte o que essa pessoa acha que ele simboliza.

12 Entorno científico

Ao redor da foto e começando pelo campo colorido, você deverá escrever o nome popular deste inseto. Nos quadrinhos abaixo, deverá anotar o nome científico. As letras que aparecem somente no nome popular e/ou no nome científico já estão impressas.

7	3	8	9	10	6

11	5	1	10	G	10	2	6	3

Mensagem escrita com o mesmo código de correspondência de números e letras:
P, 11, 5, D, 3, D, 2, 11, 7, 3, 9, 11, 10, 7, 2, 8, 10, 3, 1.

13 Palavras enredadas

Comece no campo colorido e, seguindo as linhas sem passar duas vezes pela mesma letra, encontre uma palavra relacionada a DIRIGIR.

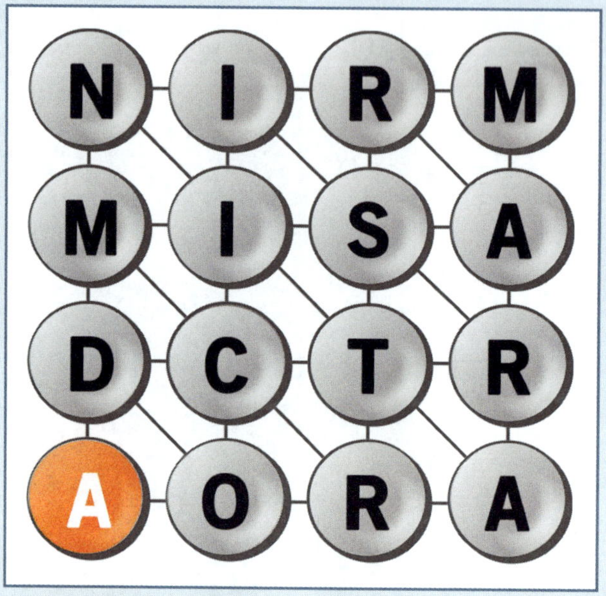

Você se atreveria a desenhar o escudo de sua família? As instruções são simples: tome um tempo para pensar e escrever em um papel que valores você recebeu de seus pais. Depois, pense nos valores que gostaria de transmitir aos seus filhos. Por último, desenhe um escudo que represente os valores que você escreveu. Você pode utilizar animais ou outros elementos naturais para isso.

14 Construção

Na primeira ilustração, você pode ver a silhueta de uma construção sem que as peças que a compõem apareçam marcadas. Seu objetivo é descobrir qual das seis construções abaixo é idêntica a ela.

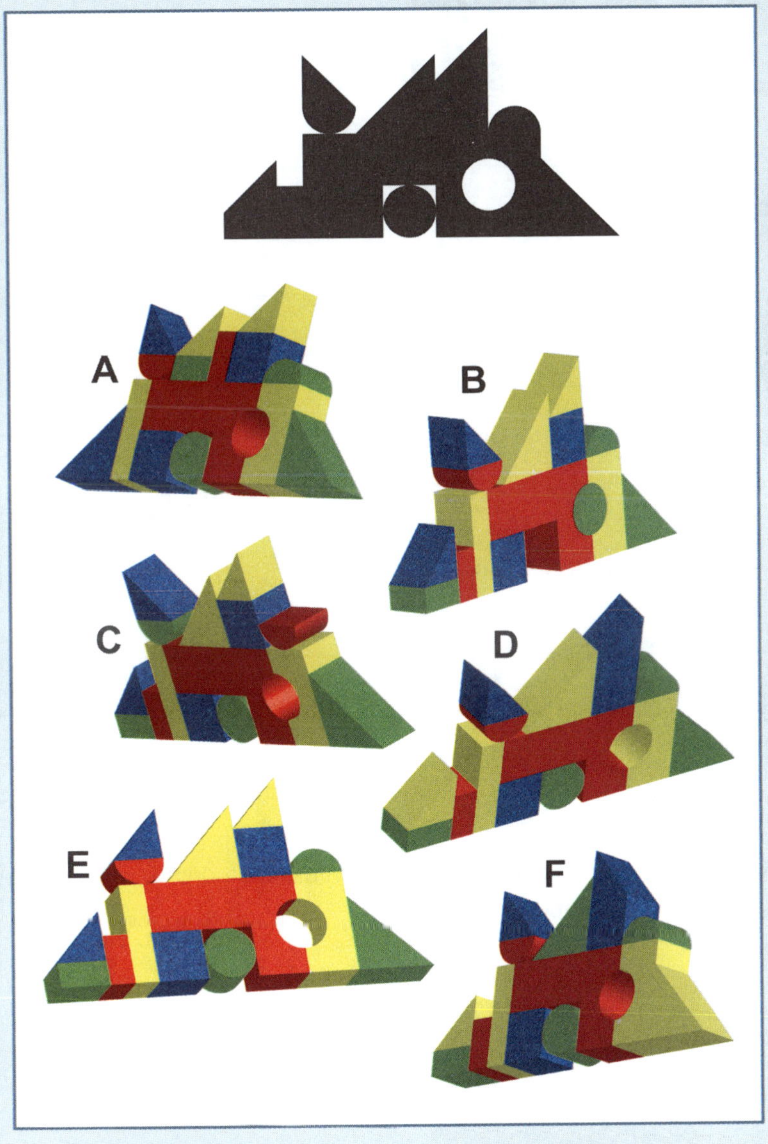

Avaliação diária

Dia 3

01	7 5 3	02	7 5 3	03	7 5 3	04	7 5 3
05	9 7 4	06	9 7 4	07	7 5 3	08	10 6 3
09	7 5 3	10	10 6 3	11	9 7 4	12	12 8 6
13	7 5 3	14	9 7 4			Total	

- Se você somou mais de **100** pontos, muito bem! Em meia semana, você já chegou a um nível alto.
- Se você conseguiu entre **66** e **100** pontos, obteve um resultado mediano. Está indo bem. Continue nesse caminho.
- Se sua pontuação não chegou a **66** pontos, você precisa melhorar. Ainda restam alguns dias. Continue tentando.

Dia 4

Compreender os conceitos

Sem dúvida, uma das funções mais importantes que cumpre o pensamento abstrato consiste na formação e compreensão de conceitos intangíveis, como a paz, a solidariedade, a liberdade, o companheirismo etc. Diariamente, estamos lidando com esse tipo de ideia, mas é raro dedicarmos uma atenção especial a isso. No dia de hoje, vamos propor uma série de conselhos para que você possa refletir sobre essas questões.

1 Jogo dos erros

Encontre as 7 diferenças entre as duas imagens.

3 6 4

2 Anagramas

As letras dos grupos de palavras podem ser reordenadas para formar o nome e o sobrenome de cinco pintores. Os números indicam a quantidade de letras de cada palavra da solução.

1. BARCA CONFINS — 7, 5
2. LIBERAL COM QUE — 6, 7
3. BOREAL REDUTOR — 7, 6
4. GUIA PULGA NU — 4, 7
5. IDADE ENIGMA MIOLO — 6, 10

4

3 1 2

Se você tiver oportunidade, pergunte a uma criança maior de 11 anos sobre a definição de alguns conceitos abstratos como os que citamos na página 49. Como acha que ela vai responder?

3 Provérbio

Insira adequadamente os campos cinza abaixo nos espaços vazios de modo que se leia um provérbio.

	NOI		É	
A		SE		RA

BO LHEI A CON TE

4 Roscas matemáticas

5x3

Qual é o valor da rosca, sabendo que os blocos laranja subtraem e os brancos somam?

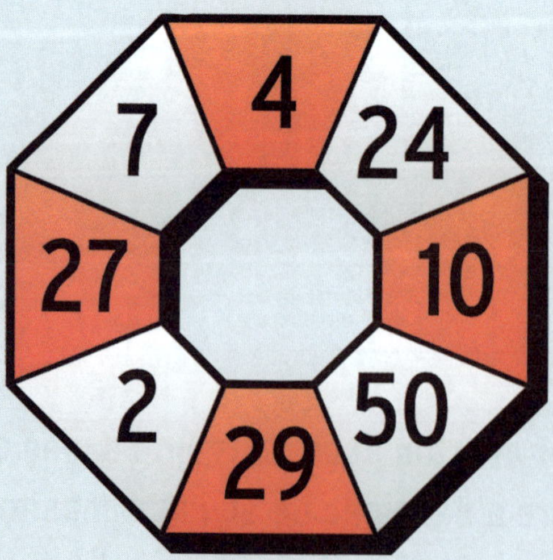

5 Fichas em branco

5x3

Neste exercício, você deve pôr as fichas abaixo sobre as que aparecem em branco, de forma que os pontos somem as quantidades indicadas em ambas as margens.

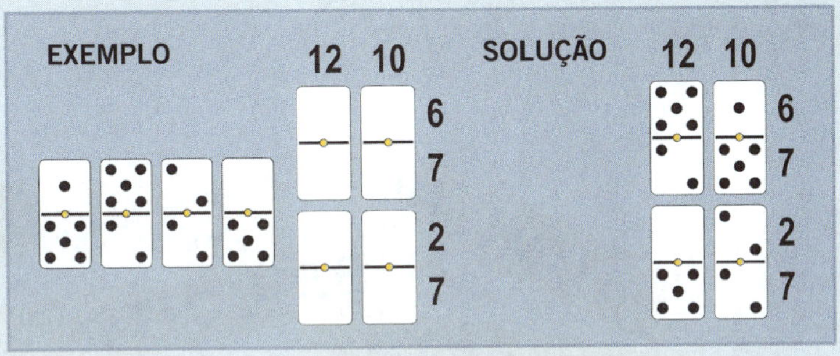

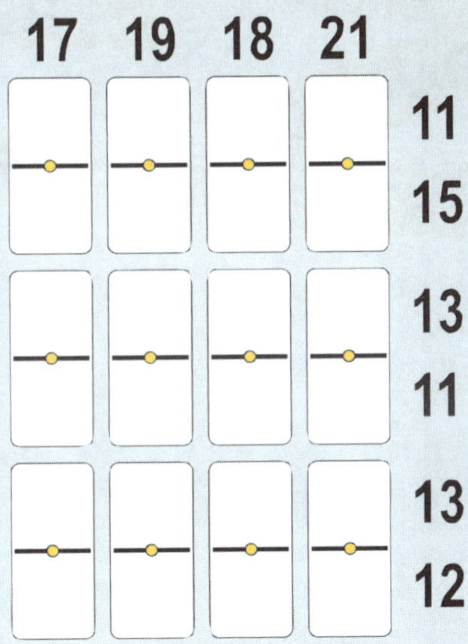

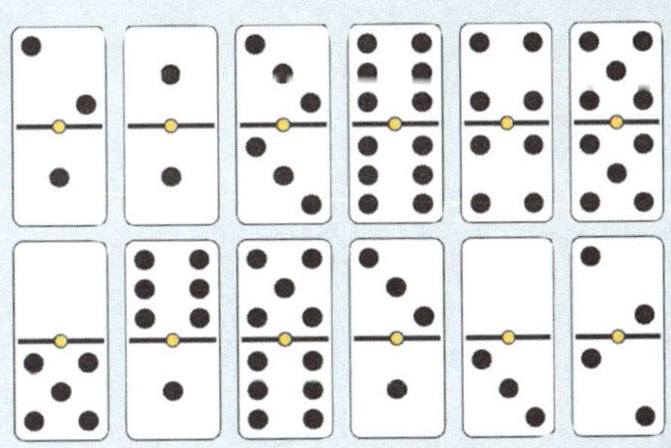

6 Escondidas

Há palavras que, em seu interior, contêm outras. Por exemplo, ESCRAVO e PROSAICA contêm os nomes de flores: CRAVO e ROSA, respectivamente. Neste jogo, você deverá encontrar uma palavra dentro de cada termo, de forma que todas as novas palavras descobertas tenham relação entre si.

TOMILHO

GENOVÊS

BISCOITO

FALSETE

RECÉM

BRONZE

PALIDEZ

ESTRESSE

7 Ordem das letras

Ordene as letras e você encontrará cinco armas brancas.

1 A G U B M E U N E R

2 A D E P S A

3 H O A C M A D

4 A T A R A N A B A Z

5 I E R I A X E P

8 Pirâmide de palavras

Neste jogo, cada resposta é formada pelas mesmas letras da anterior mais uma letra acrescentada que você deve descobrir. As dicas ajudarão você a encontrar cada uma das soluções.

_ _ _ **1.** Maior (síncope).

_ _ _ _ **2.** Resido; habito.

_ _ _ _ _ **3.** Nem quente, nem frio.

_ _ _ _ _ _ **4.** Primeira fase da relação amorosa tradicional.

_ _ _ _ _ _ _ **5.** Fruto de geleias e sorvetes.

4

Você sabia que na cultura japonesa existe um conceito chamado "Amae" que não existe em português? Faz referência a uma forma de agir e de se sentir que combina um desejo de ser querido e cuidado por alguém com uma atitude dependente e certo sentido de submissão diante dessa pessoa. Tenha em mente que o contexto social determina o tipo de conceito que se administra. Você poderia descobrir que aspecto da cultura japonesa facilita o surgimento desse conceito?

9 Primeira e última letras

Às vezes, conhecemos as palavras e sabemos seu significado mas nos falta a luz para descobri-las. Neste exercício, todas as palavras pertencem ao mesmo tema. Depois de descobri-lo, você não terá dificuldades para encontrá-las.

M _ _ _ _ _ _ O

V _ _ _ S

T _ _ _ A

M _ _ _ E

J _ _ _ _ _ R

S _ _ _ _ _ O

U _ _ _ O

N _ _ _ _ O

7 5

10 Caminho

Complete a tabela com todos os números que faltam, de maneira que você possa unir os números de 1 a 25 em um só traço e sem que a linha se corte.

			20	
	25	2	3	
	8			
			5	16
	12			

11 Qual é a frase?

Neste diagrama se esconde uma frase célebre, assim como seu autor (na última linha). Você deve descobri-los, verificando primeiramente que letra do alfabeto cada número representa, ou seja, para números iguais, letras iguais.

1	2	3	4	■	5	6	■	Q	U	E	■	9	1	■	10
9	10	11	8	1	■	6	8	12	13	6	■	1	6	1	9
10	12	6	■	5	2	■	11	3	4	12	´ 6	13	3	2	■ ,
2	■	11	8	1	2	10	3	5	2	5	9	■	4	9	■
9	10	14	6	10	12	13	2	■	9	1	■	8	1	2	■
9	10	14	13	8	15	3	16	11	2	5	2	■ .	8	1	■
14	2	1	3	10	11	6	■	14	6	10	5	8	15	■	2
6	■	5	9	4	9	4	17	9	13	6	■	2	18	4	6
16	8	12	6	■ ;	6	■	6	8	12	13	6	■ ,	` 2	■	9
X	12	3	10	Ç	Ã	6	■	12	6	12	2	16	■ .	7	8
9	3	13	2	■	5	9	8	4	■	7	8	9	■	12	9
10	11	2	1	6	4	■	4	2	18	9	5	6	13	3	2
■	17	2	13	2	■	9	4	14	6	16	11	9	13	■	14
6	13	13	9	12	2	1	9	10	12	9	■ .	■	■	■	■
■	■	■	■	■	W	6	6	5	Y	■	2	16	16	9	10

12 Cruzada numérica

Complete o diagrama com os números que aparecem abaixo.

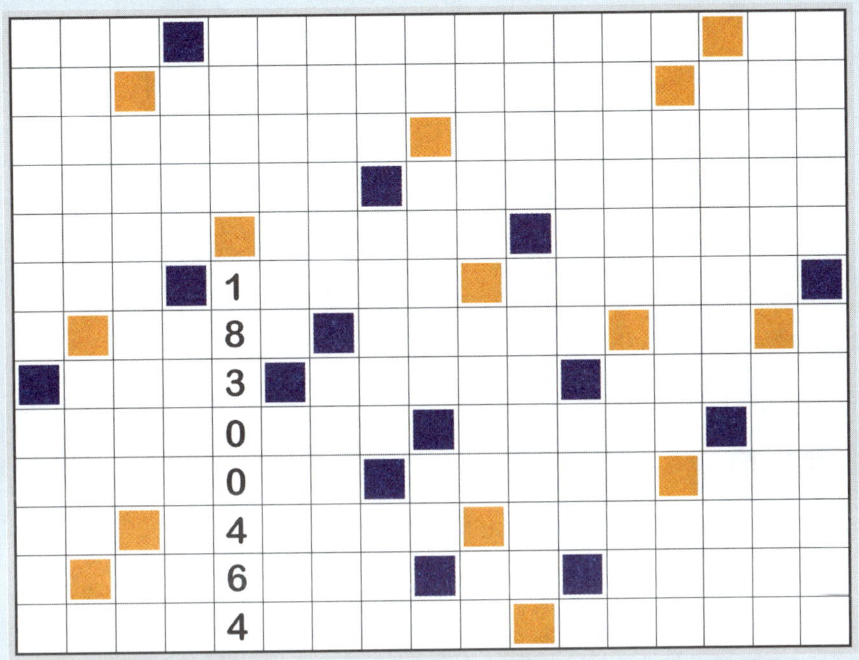

2 ALGARISMOS

12,14,41,57,68,70,71,75
95,97

3 ALGARISMOS

258,369,475,539,574,691
696,808

4 ALGARISMOS

2085,2965,3926,4023
4286,4538,4847,5044
5285

5 ALGARISMOS

13247,14862,18239
23567,40158,45987
48627,48825,55308
56907,70258,74698
91941,96267

6 ALGARISMOS

248651,258643,317958
428075,458620,518688
556052,673318,775453
700200,800368,955325

7 ALGARISMOS

1346893,1423088
2253287,2678674
3353357,4279411
6981527,7029446
7108903,7879380
8376407

8 ALGARISMOS

18300464,28538253
64884062,85693204
98650417

9 ALGARISMOS

145333740

10 ALGARISMOS

1207458962,2500783037
4785612365

13 Quiz

Ao transferir as letras das respostas corretas para os campos, você formará o nome de um craque brasileiro da Copa 94.

1	2	3	4	5	6	7

1. Qual é a capital do Quênia?

U. Kampala.
G. Mombasa.
C. Tabora.
R. Nairóbi.

2. Qual não é marsupial?

O. Lêmure.
A. Canguru.
H. Coala.
C. Gambá.

3. Em que estado americano se encontra a cidade de Pasadena?

L. Texas.
S. Washington.
U. Colorado.
M. Califórnia.

4. Que nome não descreve o mesmo peixe?

A. Sardinha.
T. Anchova.
L. Bocarte.
U. Biqueirão.

5. Como se chamava o pai de Elizabeth II da Inglaterra?

E. Jorge VIII.
R. Jorge VI.
C. Carlos II.
E. Eduardo VII.

6. Quem era o filho de Jacó?

P. Elifaz.
G. Jó.
I. Zebulom.
L. Sofar.

7. O que significa a sigla PDA?

G. Personal Dropping Amplified.
T. Percy Drowning Authomatic.
O. Personal Digital Assistant.
S. Portatil Desktop Assistant.

4 6 3

14 Círculos

Encontre a palavra oculta em cada círculo, tendo em mente que ela pode estar escrita no sentido horário ou anti-horário.

4

Você saberia inventar um conceito novo? Invente um que faça referência a uma série de ideias relacionadas. Por exemplo, alguém poderia inventar o conceito "precipício cognitivo" para designar o estado mental em que, ao tentar seguir uma linha de pensamento, alguém se bloqueia, não sabe por onde ir porque não tem mais conhecimentos a respeito e experimenta uma certa sensação de inquietação. É melhor realizar este exercício na companhia de alguém próximo, pois compartilhar o novo conceito é o que dará vida a ele.

Avaliação diária

Dia 4

01	9 7 4	02	9 7 4	03	9 7 4	04	9 7 4
05	12 8 6	06	9 7 4	07	9 7 4	08	7 4 2
09	9 7 4	10	9 7 4	11	12 8 6	12	9 7 4
13	9 7 4	14	9 7 4			Total	

- Se você somou mais de **114** pontos, muito bem! Tente obter o mesmo amanhã.
- Se você conseguiu entre **78** e **114** pontos, obteve um resultado mediano. Jogar e continuar praticando é o caminho para se chegar ao nível máximo.
- Se sua pontuação não chegou a **78**, você precisa melhorar. Há mais oportunidades de treino. Continue se esforçando.

Dia 5

Exercitar a lógica

Em algum momento de sua vida, você pode ter feito um teste de inteligência ou uma avaliação psicotécnica. Quase sempre essas provas incluem exercícios de raciocínio abstrato que implicam resolver problemas lógicos, como os que propusemos nos dias anteriores. Os conselhos de hoje não têm como objetivo avaliar sua capacidade, e sim estimular seu raciocínio abstrato.

1 Macros

No exercício a seguir, você encontrará uma série de fotos de objetos cotidianos, tiradas bem de perto. Sabe o que é cada coisa? Preste atenção aos detalhes, pois algumas foram feitas de um ponto de vista pouco comum.

1

2

3
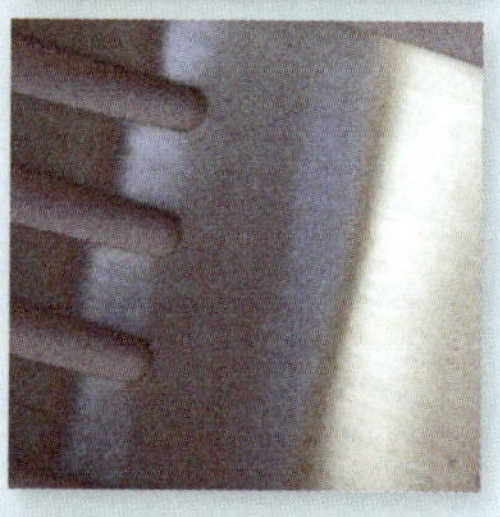
4
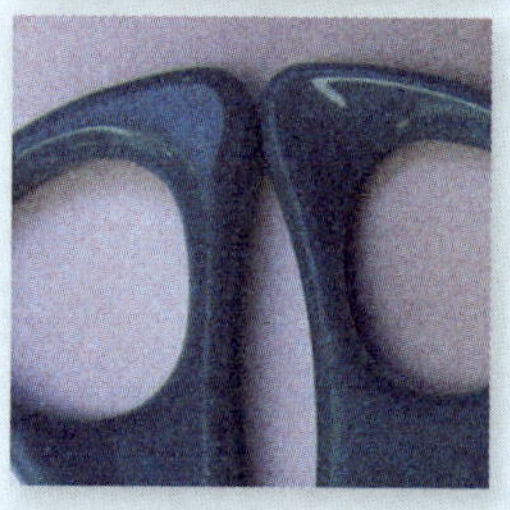
5

6
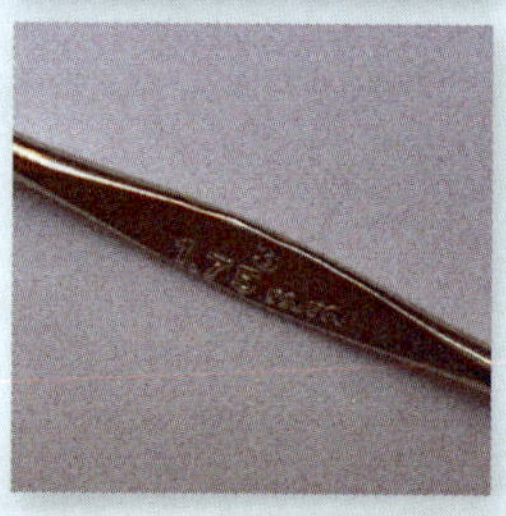
7

8

9

2 | 6 | 3

2 Objetos

Quantos componentes tem esta orquestra, que instrumentos a compõem e qual é o que aparece mais vezes?

5

3 Roscas matemáticas

5x3

Qual é o valor da rosca, sabendo que os blocos laranja subtraem e os brancos somam?

4 Combinações

Com uma série de letras, muitas palavras podem ser formadas apenas trocando as letras de maneira adequada e utilizando uma de cada vez. Por exemplo, se lhe disséssemos ALOPTSI (7 letras), seguramente você encontraria palavras de menos de 7 letras, como SI, ATO, PATO, ASILO e POSTAL, o que já seria um bom treinamento. Mas que palavra você consegue formar combinando todas as letras que lhe damos neste exercício?

PAILSIDNCI

5 Bolas e dados

5x3

Você consegue substituir as bolas situadas entre os dados pelos sinais corretos para que se cumpram as igualdades verticais e horizontais?

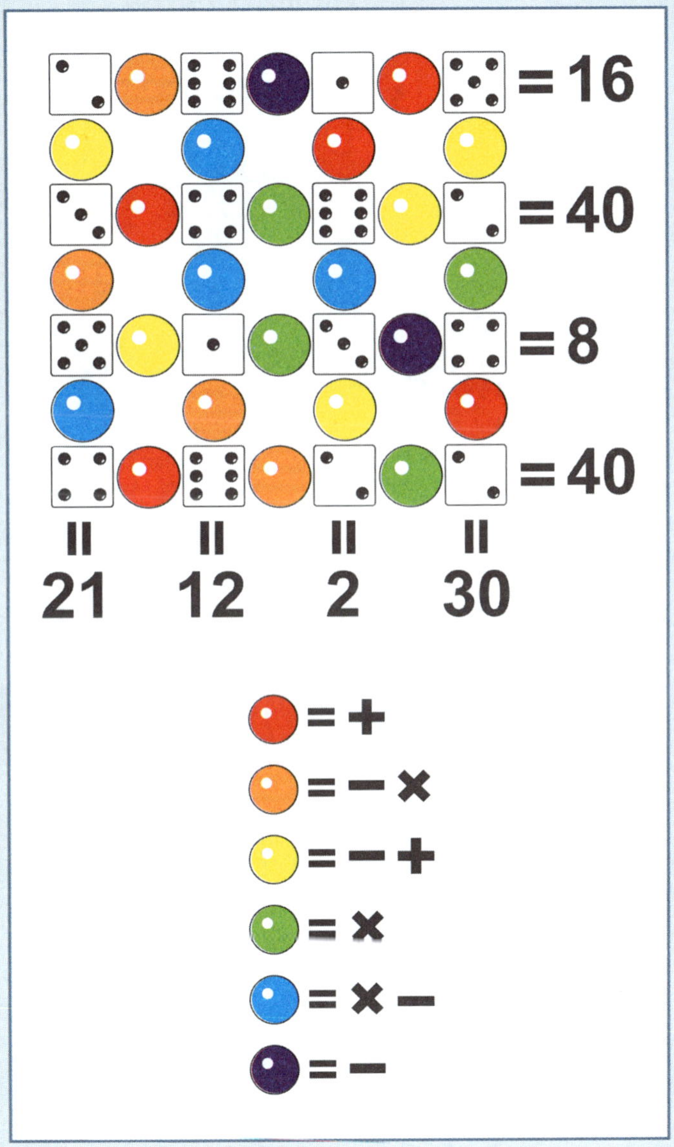

5

6 Intervalo

Neste jogo, damos duas palavras de referência. Em um dicionário, você encontraria entre elas a palavra que deve descobrir, da qual aqui lhe damos um sinônimo como dica.

ARRANHA-CÉU

Desordem

CEBOLA

7 Verso musical

Insira adequadamente os campos cinza abaixo nos espaços vazios de modo que se leia um verso de uma conhecida canção.

	QUE		CÊ	
DEI		TÃO		TO?

SOL	VO	ME	POR	XA

A chave do raciocínio abstrato consiste em se analisar atentamente as características de cada elemento separado e depois examinar as relações entre os elementos como parte de um conjunto.

8

Hexágonos

Para resolver este exercício, é preciso inserir as palavras nos seis campos dispostos ao redor de cada número, de modo que encaixem com os de ambos os lados, com os quais compartilham duas letras consecutivas. As palavras de números azuis são lidas no sentido horário, enquanto as de números vermelhos são lidas no sentido inverso. As pretas correspondem a nomes de pessoas. Na lista, estão as palavras que você precisa inserir, e os hexágonos contam com duas letras já postas que servirão como dica.

Adágio	**Caiado**	**Ferida**	**Mágico**
Amolar	**Coibir**	**Libido**	**Modelo**

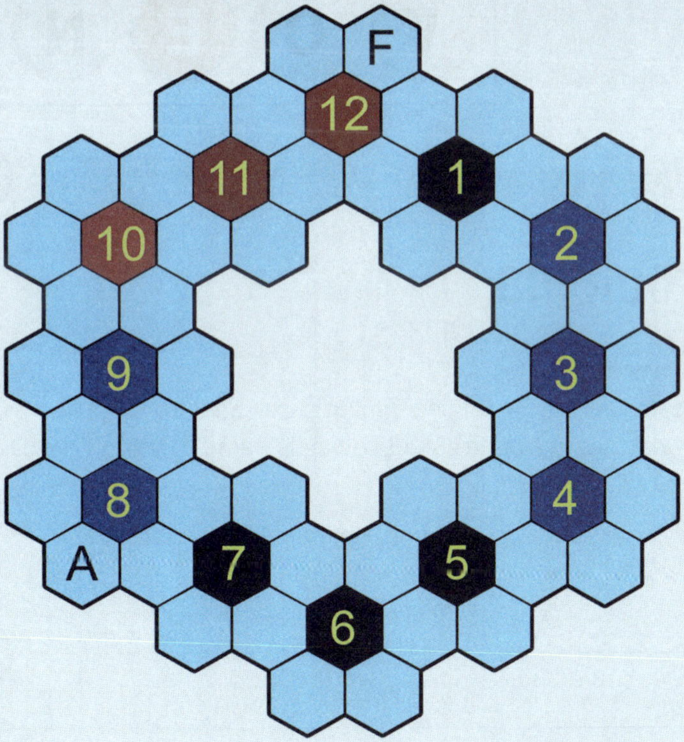

5

9 Palavras enredadas

Comece no campo colorido e, seguindo as linhas sem passar duas vezes pela mesma letra, encontre uma palavra relacionada a DISTÂNCIA.

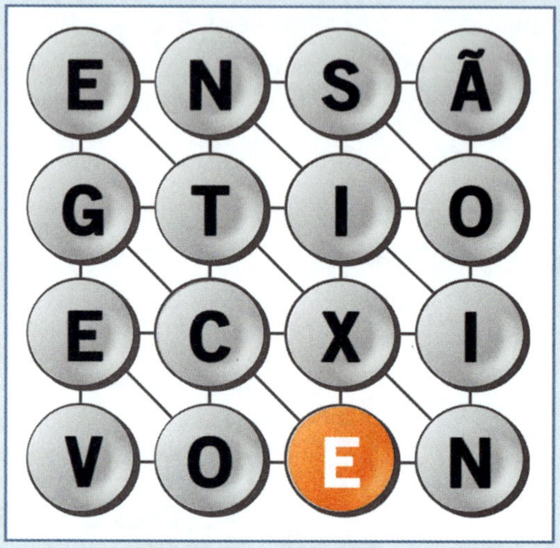

10 Problema

Aviso aos navegantes

Um barco ancorado no porto tem uma escada desdobrada para o embarque nos botes. A escada, desde a parte coberta de água, tem 22 degraus de 20 cm de altura cada um. A maré sobe a 10 cm por hora.

Quantos degraus a água cobrirá no fim de 10 horas?

Desafie seu pensamento abstrato e sua agilidade mental. Esta noite, dedique um momento a procurar na internet exercícios de progressões aritméticas e geométricas. Há muitos sites grátis e divertidos.

11 Quem é?

Vendo só a imagem, você consegue descobrir quem é o personagem da foto? Se não descobrir, você pode ler, pouco a pouco, as dicas abaixo para ver se assim o reconhece.

5

Ator elogiado por sua capacidade interpretativa nos diferentes personagens que já representou. Estreou no filme *Trilha de Corpos*, de 1980, e depois sua carreira foi crescendo até ele se tornar um indiscutível talento da indústria cinematográfica. Na atualidade, começa a se destacar como produtor.

12 Ordem das letras

Ordene as letras e você encontrará os nomes de cinco capitais do mundo.

1 R B A S A I L I

2 S W A H G N I T N O

3 O M E O S L O T C

4 T A E S N A

5 D B U N I L

5 4 3

13 Simétricos

Encontre as três letras que não aparecem de maneira simétrica na imagem em negativo.

1 2

14 Longevidade

Todo mundo sabe que uma tartaruga não vive o mesmo número de anos que um colibri. De fato, os dois são quase os extremos do mundo animal. Neste jogo, você tem uma lista de mamíferos que deverá ordenar, do menor para o maior, em função da longevidade.

BALEIA	GORILA
BURRO	HIPOPÓTAMO
CABRA	LEÃO
CANGURU	MACACO
CÃO	MORCEGO
CAVALO	MUSARANHO
CERVO	OVELHA
CHIMPANZÉ	PORCO
COBAIA	RAPOSA
COELHO	RATAZANA
ELEFANTE	RATO
ESQUILO	URSO
FOCA	VACA
GATO	ZEBRA

5

3 4

Uma vez que você tiver se familiarizado com as progressões aritméticas e geométricas, poderá elaborar as suas e ordená-las segundo a dificuldade. Para isso, terá que colocar em ação o pensamento abstrato. Tenha em mente as distintas variáveis implicadas: forma, número, posição espacial. Dê suas progressões a um amigo para que ele as faça.

Avaliação diária

Dia 5

01	7 | 4 | 2	**02**	7 | 5 | 3	**03**	9 | 7 | 4	**04**	9 | 7 | 4
05	10 | 6 | 5	**06**	7 | 5 | 3	**07**	9 | 7 | 4	**08**	10 | 6 | 3
09	7 | 5 | 3	**10**	9 | 7 | 4	**11**	9 | 7 | 4	**12**	9 | 7 | 4
13	7 | 5 | 3	**14**	10 | 6 | 3			**Total**	

- Se você somou mais de **102** pontos, sua mente está na melhor forma!
- Se você conseguiu entre **66** e **102** pontos, obteve um resultado mediano. Adiante! Você segue num bom ritmo.
- Se sua pontuação não chegou a **66**, você precisa melhorar. Não deve se render. Continue praticando. O importante é o treino.

Dia 6

Prestar atenção nos sonhos

Você é daqueles que se lembram dos sonhos ou dos que não se lembram? Não importa. Na realidade, todos nós sonhamos enquanto dormimos. E, com um pouco de preparação, podemos recordar alguns fragmentos. No mundo dos sonhos, domina a linguagem simbólica do pensamento abstrato. Se você aprende a prestar um pouco mais de atenção neles, está dando a seu cérebro a oportunidade de trabalhar a capacidade de abstração.

1 Jogo dos erros

Encontre as 7 diferenças entre as duas imagens.

Quando você for dormir, deixe um caderno e uma caneta na mesa de cabeceira. Assim que acordar, anote o que tem na cabeça. É importante fazer isso sem pensar no que escreve, por mais incoerente que pareça. Depois de algumas horas, volte a ler o que escreveu. Você consegue reconhecer algum símbolo no texto?

2 Problema

Para chegar a Madri, Jaime leva 6 horas a uma velocidade média de 120 km/h. Nesse trajeto, para durante 25 minutos em um posto de gasolina, 27 em um restaurante e 8 em um apeadeiro para que Tresky possa fazer suas necessidades. Pedro, por sua vez, a uma velocidade média de 100 km/h, leva o mesmo tempo, mas só para durante meia hora para fazer fotos dos patos de uma lagoa no caminho da capital.

Quem vive mais longe de Madri?

3 Caminho

Complete a tabela com todos os números que faltam de maneira que você possa unir os números de 1 a 25 em um só traço e sem que a linha se corte.

		13		1
				4
	18		10	
	25			
				7

4 Roscas matemáticas

5x3

Qual é o valor da rosca, sabendo que os blocos laranja subtraem e os brancos somam?

5 O poder das palavras

Este jogo é dedicado aos sinônimos; é um exercício com o qual você poderá testar a riqueza de seu vocabulário. O mecanismo é simples: você deve relacionar cada palavra da primeira coluna com o sinônimo — ou a expressão de significado idêntico — que aparece na segunda coluna.

A	B
• Estrito	• Intenção
• Planície	• Deixar de fazer
• Madrugada	• Alvorada
• Nada	• Liso, plano
• Oliva	• Gigante
• Omitir	• Azeitona
• Propósito	• Severo, rigoroso
• Repleto	• Contentar
• Satisfazer	• Muito cheio
• Titã	• Coisa alguma

6 Intervalo

Neste jogo, damos duas palavras de referência. Em um dicionário, você encontraria, no intervalo entre elas, a palavra que deve descobrir, da qual lhe damos aqui um sinônimo como dica. Desta vez, trata-se de um verbo.

HIPOGLICEMIA

Caucionar (propriedade)

HIPÓTESE

7 Hieróglifo

Profissão.

8 Cruzada numérica

Complete o diagrama com os números que aparecem abaixo.

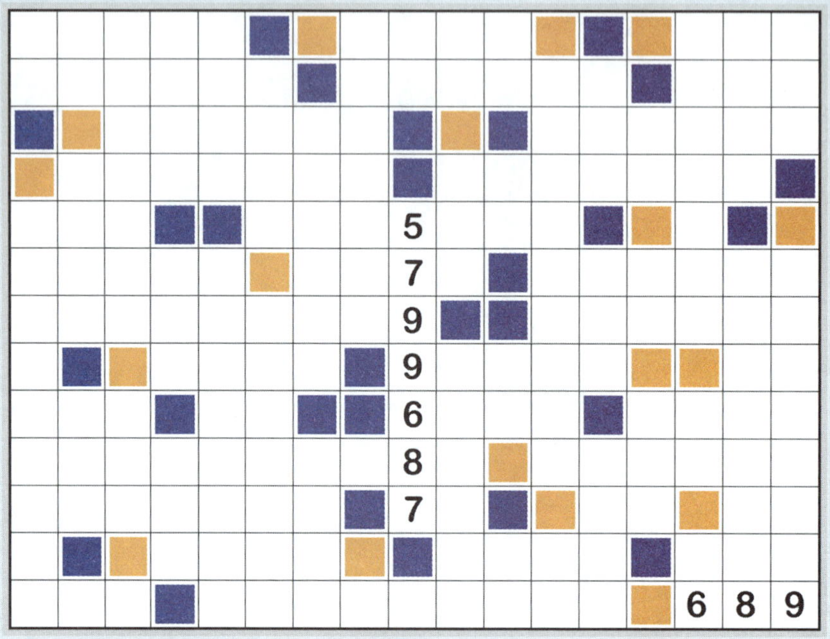

2 ALGARISMOS

17,28,29,36,39,44,45,46
47,64,70,77,83,88,89,94
97,98

3 ALGARISMOS

208,478,554,588,623,642
684,689,785,846,866,896
907,987,993,997

4 ALGARISMOS

1805,1852,4283,5191
6684,6969,6978,6999
7689,8602,8734,8831
9471,9586

5 ALGARISMOS

23581,45289,95814

6 ALGARISMOS

364679,480405,563043
700833,791382,863023
960688,974859,989507

7 ALGARISMOS

1425367,1435047
2653776,5074823
5799687,6652384
6937398,8537805
8659731

8 ALGARISMOS

20470878,37715389
95944765

9 ALGARISMOS

123456789,541783894
541795846,575789144

10 ALGARISMOS

5689425383

9 Quem é?

Olhando só a imagem, você consegue descobrir quem é o personagem da foto? Se não descobrir, você pode ler, pouco a pouco, as dicas abaixo para ver se assim o reconhece.

É considerado um dos três maiores jogadores da história de seu esporte. Sua atividade lhe rendeu uma imensa fortuna, mas, nos últimos tempos, sua vida particular ganhou mais páginas do que suas conquistas esportivas.

10 Ordem das letras

Ordene as letras e você encontrará cinco clubes de futebol do mundo.

1. L A O E B C A N R (Espanha)
2. E M S F E N L N U I (Brasil)
3. L E R T I R P A E V (Argentina)
4. A N E R A S L (Inglaterra)
5. T O N S G P I R (Portugal)

11 Escondidas

Há palavras que, em seu interior, contêm outras. Por exemplo, ESCRAVO e PROSAICA contêm os nomes de flores: CRAVO e ROSA, respectivamente. Neste jogo, você deverá encontrar uma palavra dentro de cada termo, de forma que todas as novas palavras descobertas tenham relação entre si.

ABRAÇO

ALCUNHA

ASSEIO

ENCOSTAS

PIOLHO

TRAPÉZIO

MAMÃO

PALMATÓRIA

12 Relacione

As diferentes partes dos animais de granja recebem nomes específicos. Uns, segundo o tipo de carne; outros, segundo a parte do animal a que se referem. Neste jogo, mostramos a imagem de um animal em que algumas de suas partes aparecem marcadas com letras. Também apresentamos a lista com as palavras para que você faça a correspondência corretamente.

☐ Pata	☐ Orelha	☐ Focinho
☐ Cachaço	☐ Quarto dianteiro	☐ Peito
☐ Paleta	☐ Papada	☐ Lombo
☐ Costelas	☐ Presunto	

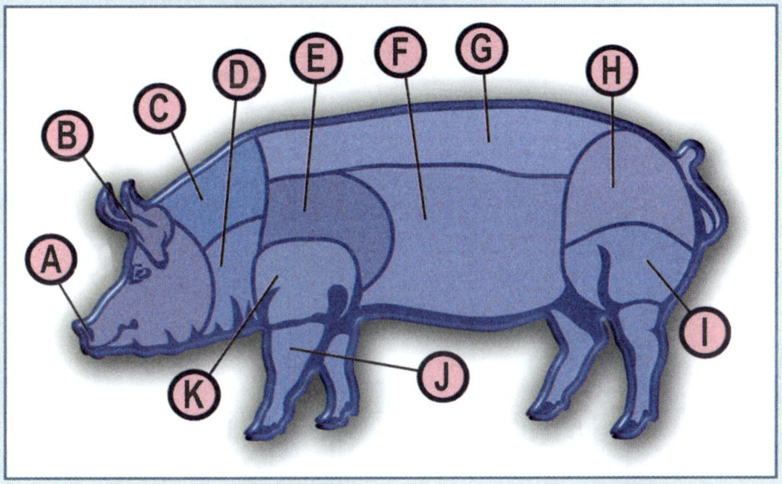

3 9 6

Continue tentando lembrar de seus sonhos. Se, no primeiro dia, você não conseguir, não se preocupe. Isso é o mais normal, mas, se você insistir, conseguirá pôr no papel o que seus sonhos narram. Quando recordar, terá um material muito interessante. Então tente dar um sentido a isso. Você vai associá-lo a algo que tenha acontecido recentemente ou no passado? Poderia dar um título ao sonho?

13 Entorno científico

Ao redor da foto e começando pelo campo colorido, você deverá escrever o nome popular deste inseto. Nos quadrinhos abaixo, deverá anotar o nome científico.

5	9	3	2	10	9	11

3	12	8	1	9	11

Mensagem escrita com o mesmo código de correspondência de números e letras:
M, 6, 10, 11, T, 8, 6, 12, M, M, 7, 10, 7, 2, T, 9, 8, 2.

14 De cabeça para baixo

Quando vemos uma foto de alguém de cabeça para baixo, costuma ser muito difícil identificá-la. A visão nos engana e parece que os sentidos se voltam contra nós. Por exemplo, não gire o livro, ainda, e veja se é capaz de descobrir quem é a atriz da ilustração à direita. É muito provável que você acabe acertando, mas temos quase certeza de que, em todo caso, custará a descobrir. Já tem uma candidata? Vai desistir? Em qualquer um dos casos, gire o livro e a identificará sem problemas. Para que você veja que não é um truque, torne a endireitar o livro e, mesmo sabendo quem é, não será fácil identificar seus traços. Agora tente identificar estas oito atrizes sem girar o livro.

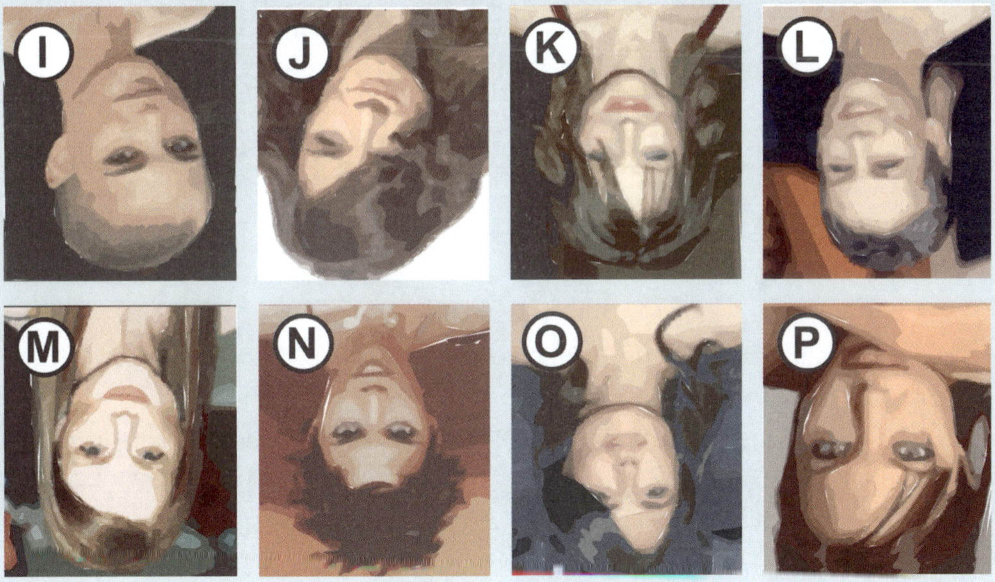

6

Avaliação diária

Dia 6

01	9 7 4	02	9 7 4	03	9 7 4	04	9 7 4
05	10 6 3	06	10 6 3	07	7 4 2	08	9 7 4
09	9 7 4	10	9 7 4	11	9 7 4	12	10 6 3
13	12 8 6	14	10 6 3			Total	

- Se você somou mais de **112** pontos, é fantástico. Dá para notar que você tem praticado muito.
- Se você conseguiu entre **72** e **112** pontos, obteve um resultado mediano. Sua mente está aberta. Com um pouco mais de treino, você pode chegar bem longe.
- Se sua pontuação não chegou a **72**, você precisa melhorar. Não jogue a toalha. O esforço tem sempre sua recompensa.

Dia 7

Desfrutar da arte abstrata

Desde o final do século XIX até a atualidade, a Arte se transformou significativamente. Nesta evolução, a abstração vem desempenhando um papel fundamental, de modo que muitas escolas artísticas têm se baseado nela para gerar suas obras. Podemos, independentemente de nossos gostos, aproveitar essas obras para estimular nossa capacidade de abstração e, talvez, ainda aumentar nossos conhecimentos culturais.

1 Sobreposições

!

1. Uma pergunta simples: qual é a carta que está mais por cima?
2. E outra pergunta um pouco mais complicada: como colocar as cartas da imagem em um quadro 4 x 4 de modo que não se repita nenhum valor nem naipe tanto na vertical quanto na horizontal nem nas duas diagonais? Como sempre, utilize um rascunho, se precisar.

2 Recortes

Tentou-se fazer estas quatro figuras coloridas com recortes, cujo objetivo é associar cada recorte à figura que ele forma, mas preste atenção porque uma das figuras não tem recorte e um recorte não corresponde a figura alguma.

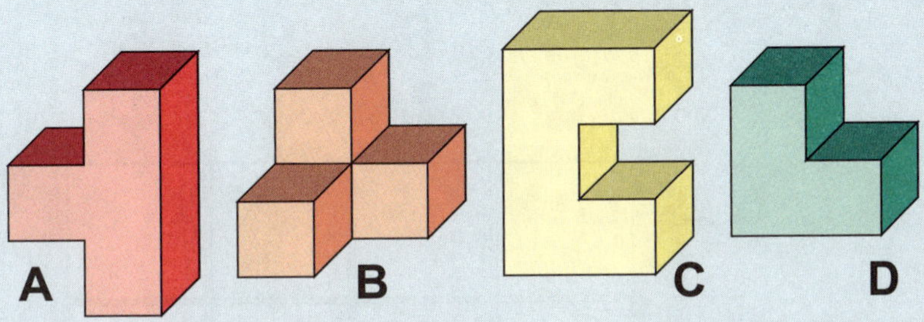

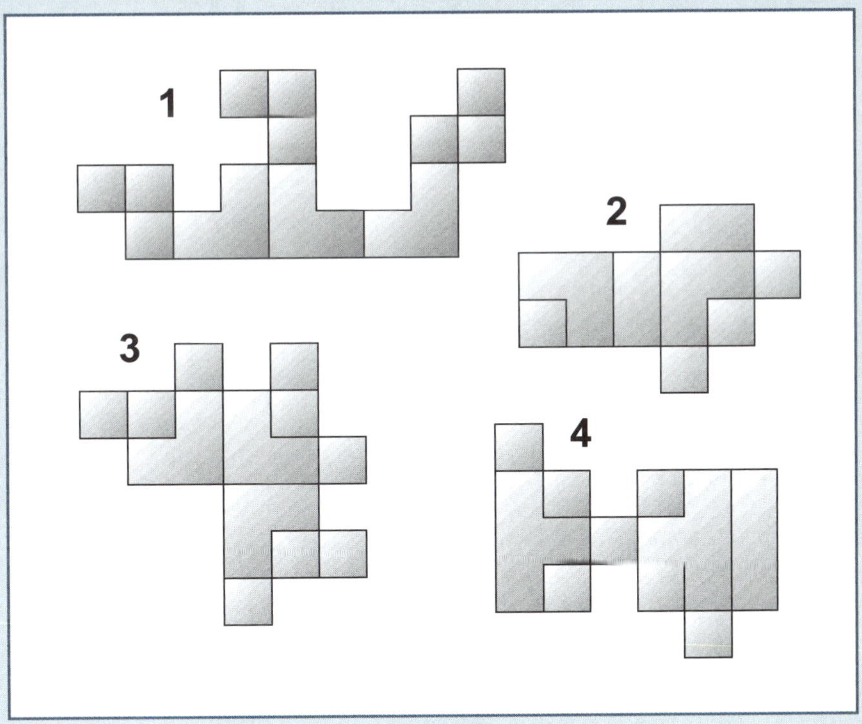

3 Moedas

Como se fosse um jogo de palitinhos, neste exercício você terá que verificar a combinação de moedas que há em cada fila e coluna para que a soma coincida com o resultado que damos na margem. É preciso ter em mente que pode haver apenas 0, 1, 2 ou 3 moedas em cada campo.

	4 ↓	6 ↓	9 ↓	6 ↓
9 →				
7 →				
3 →				
6 →				

4 Intervalo

Neste jogo, damos duas palavras de referência. Em um dicionário, você encontraria entre elas a palavra que deve descobrir, da qual aqui lhe damos um sinônimo como dica.

SERENO

Ordenar

SERMÃO

5 Hieróglifo

Abóbada palatina.

6 Combinações

Com uma série de letras, muitas palavras podem ser formadas apenas trocando-se as letras de maneira adequada e utilizando uma de cada vez. Por exemplo, se lhe disséssemos ALOPTSI (7 letras), com toda a certeza você encontraria palavras de menos de 7 letras, como SI, ATO, PATO, ASILO e POSTAL, o que já seria um bom treinamento. Mas que palavra você consegue formar combinando todas as letras que lhe damos neste exercício?

Ê O C S N A L O I N

7

7 Qual é a frase?

Neste diagrama se esconde uma frase célebre, assim como seu autor (na última linha). Você deve descobri-los, verificando primeiro que letra do alfabeto cada número representa. Ao mesmo número, a mesma letra, de modo que recomendamos que você vá inserindo as letras que já conhece em todos os campos em que aparecerem. Isso lhe dará dicas para descobrir outras letras com as quais pode formar palavras.

1	2	1	G	3	´4	5		1	6	7	8	4		9	10
2	6	1	10	9		9		9	3	11	12	9		10	4
V	2	10	9		`6		8	9	12		10	6		7	3
6		13	4	14	4	.	6	7		13	4	7	7	9	6
7		6	13	12	4	1	10	4	5		6		9	10	2
6	12		4	,	7	4		E 4	L 14	A 6	S 7		13	9	10
4	5		6	13	12	4	1	10	4	12		6		9	10
2	6	12	,	13	9	10	4	5		7	4	12		4	1
7	2	1	6	10	6	7		6		6	5	6	12	,	13
9	12	15	3	4		9		6	5	9	12		9	8	9
12	12	4		5	6	2	7		1	6	11	3	12	6	14
5	4	1	11	4		6	9		8	9	12	6	Ç	Ã	9
	H	3	5	6	1	9		10	9		15	3	4		9
	7	4	3		9	13	9	7	11	9	.				
		1	4	14	7	9	1		5	6	1	10	4	14	6

8 Primeira e última letras

Às vezes, conhecemos as palavras e sabemos seu significado mas nos falta a luz para descobri-las. Neste exercício, todas as palavras pertencem ao mesmo tema e, depois de descobri-lo, você não terá dificuldades para encontrá-las.

A _ _ O

C _ _ _ _ A

G _ _ _ _ _ _ E

H _ _ _ _ _ Ã

C _ _ _ _ _ O

L _ _ _ O

O _ _ _ _ _ O

P _ _ _ _ _ A

C _ _ _ _ _ _ _ A

S _ _ _ A

P _ _ _ _ _ A

A _ _ _ _ _ M

7

3 10 6

9 Bandeiras marítimas

Na Antiguidade, os barcos utilizavam bandeiras para transmitir mensagens uns aos outros. Cada bandeira era estudada para que se distinguisse perfeitamente das demais, sobretudo a distância. A seguir, você pode vê-las com as letras que representam. Estude-as bem porque, logo depois, deverá tapá-las e descobrir a palavra oculta, com a ajuda de uma dica.

Graças a Miguel.

10 Anagramas

Um anagrama é uma palavra ou frase desordenada com o objetivo de criar outra. Nos jogos a seguir, você deverá descobrir a palavra original a partir da qual cada um dos anagramas foi formado.

1. MENU TECLADO (6, 5)
2. BOLAS PIPOCAS (5, 7)
3. PERENE RIO RIR (6, 6)
4. AGRESTE SEGURO (7, 6)
5. TU ÓLEO ESCULTURA (8, 7)

Dica: os anagramas correspondem aos nomes de cinco pintores.

3 4 2

11 Roscas matemáticas

5x3

Qual é o valor da rosca, sabendo-se que os blocos laranja subtraem e os brancos somam?

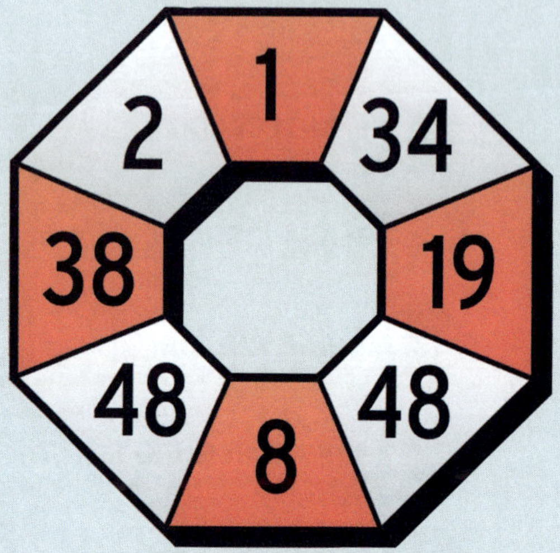

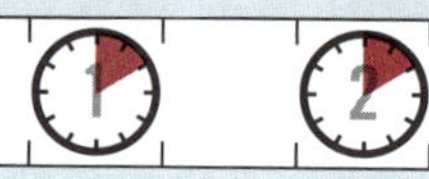

O que você acha de consultar na internet algumas obras pictóricas de arte abstrata e pensar em seu significado? Autores como Piet Mondrian ou Eduardo Chillida podem ser muito estimulantes. Você gostaria de visitar um museu de arte contemporânea? Quem você visitaria?

Procure, na internet, a obra intitulada "Composição 8", de Kandinski. Pense no que ela pode representar para você. Que título você daria a ela?

12 Círculos

Encontre a palavra oculta em cada círculo, tendo em mente que ela pode estar escrita no sentido horário ou anti-horário.

Convidamos você a exercitar sua abstração por meio da veia artística. Com certeza, você dispõe de uma câmera fotográfica, pelo menos no celular. Poderia fazer uma série de fotos que represente o conceito de desenvolvimento? E o de abstração?

7

13 Quem é?

Olhando só a imagem, você consegue descobrir quem é o personagem da foto? Se não descobrir, você pode ler, pouco a pouco, as dicas abaixo para ver se assim o reconhece.

Aos três anos já tinha noção de manejo de kart, e, aos sete anos, ganhou, pela primeira vez, uma competição oficial, triunfando nas oito etapas da prova. Foi o início de uma série de conquistas cada vez mais importantes, apesar das mudanças de categoria.

1 2

14 Relacione

As diferentes partes dos animais de granja recebem nomes específicos. Uns, segundo o tipo de carne; outros, segundo a parte do animal a que se referem. Neste jogo, mostramos a imagem de um animal em que algumas de suas partes aparecem marcadas com números. Também apresentamos a lista com as palavras para que você faça com que correspondam corretamente.

☐ Aba de filé	☐ Filé de costela	☐ Patinho
☐ Acém	☐ Filé-mignon	☐ Peito
☐ Alcatra	☐ Fraldinha	☐ Pescoço
☐ Capa de filé	☐ Lagarto	☐ Picanha
☐ Chã de dentro	☐ Maminha de alcatra	☐ Ponta de agulha
☐ Chã de fora	☐ Músculo	
☐ Contrafilé	☐ Paleta	

15 8

Avaliação diária

Dia 7

01	9 7 4	02	10 6 3	03	7 5 3	04	7 5 3
05	7 4 2	06	9 7 4	07	12 8 6	08	9 7 4
09	12 8 6	10	9 7 4	11	9 7 4	12	9 7 4
13	9 7 4	14	10 6 3			Total	

- Se você somou mais de **110** pontos, você é um ás! Chegou ao fim da semana em plena forma.
- Se você conseguiu entre **73** e **110** pontos, obteve um resultado mediano. Lembre-se de que, quanto mais treinar, mais rápido se tornará.
- Se sua pontuação não chegou a **73**, você precisa melhorar. Na próxima semana, terá mais oportunidades de se testar.

Avaliação semanal

Semana 10

Dia 1	
Dia 2	
Dia 3	
Dia 4	
Dia 5	
Dia 6	
Dia 7	
Total da Semana	

- Se você conseguiu mais de **753** pontos, parabéns! Seu cérebro está a todo vapor. Continue assim!
- Se você conseguiu entre **493** e **753** pontos, pode ficar satisfeito. Para melhorar mais, repita os jogos em que obteve os piores resultados. Ânimo!
- Se sua pontuação foi inferior a **493**, você precisa melhorar mesmo. O importante é treinar. Volte a jogar e, seguramente, verá melhoras.

Soluções

Dia 1

1

2 Cartola, Gonzaguinha, Marcelo Jeneci e Monarco.

3

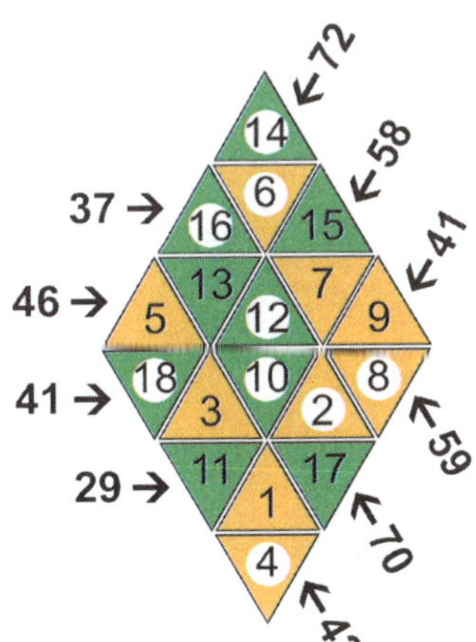

4 11.

5 "Você disse que não sabe se não", trecho de "Se...", sucesso de Djavan.

6

7 Estimada Cristina,

Parabéns pela graduação. Sua mãe me disse que você já é diplomada. Sei o quanto você trabalhou duro nos últimos três anos e o quanto tem sido responsável. A vida de estudante não é de todo fácil, mas vale a pena o esforço. Você adquiriu habilidades indispensáveis e agora está em uma posição privilegiada no mercado de trabalho. Seu tio e eu gostaríamos de convidá-la para almoçar, para demonstrar o quanto estamos orgulhosos de você.

Com muito amor,

Tia Carmela.

8

4	6	6	8	■	4	6	7	3	1	5	■	2	3	2	6	4
1	0	7	■	2	3	5	9	8	7	3	4	■	1	3	2	6
8	7	■	9	8	5	■	1	2	4	0	0	7	■	8	0	5
■	3	5	6	8	2	9	■	2	3	4	6	7	9	4	3	1
7	■	2	0	0	0	4	5	■	7	4	■	8	6	5	9	7
4	5	■	2	8	9	6	7	4	1	■	3	5	7	■	8	9
5	8	9	6	2	■	4	5	8	■	7	9	9	6	8	■	1
1	0	2	5	■	5	3	0	4	7	2	3	■	6	4	7	■
5	9	8	■	1	3	4	4	2	0	4	■	8	5	3	4	2
1	0	4	4	2	■	8	7	4	5	■	1	2	5	6	4	3
5	4	6	■	5	6	■	4	3	7	2	1	6	■	8	9	6
4	1	■	7	8	4	4	■	1	4	2	5	■	8	9	6	2
3	■	4	5	0	2	4	1	5	7	9	■	3	8	5	7	4

9 Nelson Mandela.

10
1. Na diagonal esquerda (1, 5, 9): Paquistão, Portugal e Peru.
2. Portugal.
3. 3.
4. Dois: Filipinas e Chipre.
5. Canadá (Ana).
6. Noruega.

11
1. Pulmão.
2. Letras.
3. Búfalo.
4. Teoria.

12 Em algarismos romanos, 500 é D. No meio está o cinco, que em algarismos romanos é V.

A primeira de todas as letras é A. O primeiro número romano é I.

Juntando tudo, encontramos o nome do rei DAVI.

13 Caranguejola. *Cancer pagurus*. Símbolo de um dos signos do Zodíaco.

14

D	E	M	Ã	O	■	Q	U	A	S	E
E	S	P	A	R	A	D	R	A	P	O
M	A	R	A	V	I	L	H	O	S	A
O	R	A	N	G	O	T	A	N	G	O
S	Ã	O	D	O	M	I	N	G	O	S
T	A	Q	U	I	G	R	A	F	I	A
E	S	C	R	U	P	U	L	O	S	O
N	A	P	O	L	E	O	N	I	C	A
E	N	T	R	E	S	S	A	F	R	A
S	A	U	D	E	■	V	E	R	Ã	O

Autor: Demóstenes

Frase: As palavras que não são seguidas dos feitos não servem para nada.

Dia 2

1

1	2	15	16	17
4	3	14	19	18
5	12	13	20	21
6	11	10	25	22
7	8	9	24	23

2 8. Trata-se de "partir" literalmente pela metade os algarismos romanos (~~IX XII XIII~~) e utilizar a metade superior que se obtém: IV = 4; VII = 7; VIII = 8.

3 Quinta-feira. Na quinta-feira, o unicórnio mente e, portanto, não diz a verdade ao afirmar "Ontem também foi a minha vez de mentir."

4 Pá, par, rapé, rapel, pleura.

5 24.

6 Há oito mãos e a de cima é a que segura a cápsula, no ângulo inferior esquerdo.

7

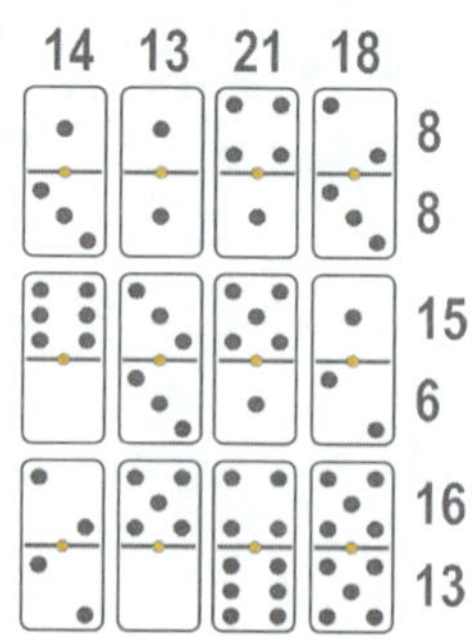

8

	R		D		I		P	I	U	M		U	L	T	I	M	O
M	O	D	E	S	T	I	A			A		B		R		A	
	D		B		A		C	O	N	T	R	A	B	A	N	D	O
C	A	R	I	M	B	O		I		R				G		R	
	P		L		O			T	R	I	B	U	T	A	R	I	O
T	E	Z		C	R	U		I		Z		S		R			H
O			I		A		J		P		L	U	Z		D	A	M
P	R	E	G	U	I	Ç	O	S	A			F		A		V	
	O		R				E		U		C	R	A	T	E	U	S
T	U	B	E	R	C	U	L	O	S	E		U		O		L	
	B		J		H		H			M	A	I	O	N	E	S	E
J	O	G	A	D	A		O	R	L	A		R		A		O	

9 Picareta.

10 y; k; f.

11
1. Tocantins (F).
2. Ceará (Ê).
3. Santa Catarina (N).
4. Roraima (I).
5. Espírito Santo (X).
6. Piauí (H).
7. Mato Grosso do Sul (I).
8. Sergipe (P).
9. Acre (I).
10. Minas Gerais (S).
11. Alagoas (M).
12. Pará (O).

Palavras ocultas: Fênix, Hipismo.

12
1. Julia Roberts.
2. Sofia Loren.
3. Angelina Jolie.
4. Tom Cruise.
5. Harrison Ford.

13 Steven Spielberg.

14

1605: Publica-se a primeira parte de *Dom Quixote*.

1804: Morre o filósofo Kant.

1863: Abolição da escravatura nos EUA.

1889: Promulga-se a primeira constituição do Japão.

1918: Grande epidemia de gripe.

1924: Morre Lênin.

1937: O Japão invade a China.

1958: Criação da NASA.

1974: Revolução dos Cravos.

1986: Desastre de Chernobil.

2002: Naufrágio do *Prestige* na Galícia.

2005: Morre João Paulo II.

Dia 3

1

2

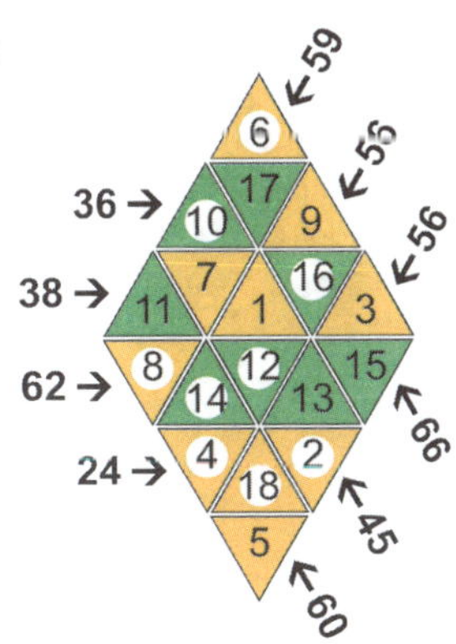

3 5 (0 - 6, 1 - 6, 2 - 6, 3 - 6, 4 - 6).

4 Piedade.

5 Aberração.

6 38.

7 Isabel, a Católica.
cimeira, lambrequins, cantão direito do chefe, chefe, cantão esquerdo do chefe, coração, flanco direito, abismo, flanco esquerdo, suporte, umbigo, cantão direito da ponta, ponta, cantão esquerdo da ponta, divisa.

8 Trafalgar.

9 Desaparece o terceiro da terceira fila e aparece o primeiro da segunda fila.

10 A primeira noite do milênio se mostrava cansativa. O inspetor chegou à mesa e tomou o caderno de suas mãos. Estava cheio de anotações feitas à mão em minúscula. Continham alguma evidência? O suspeito era uma mulher volumosa que mal cabia na cadeira. No princípio, custou a compreender sua reação, mas pensou que se enquadrava perfeitamente na descrição. E nesse momento vislumbrou a estranha e assombrosa realidade. "Não me contou toda a verdade", disse. Por fim, encontrou a conexão. "Está me acossando", disse ela. E seu corpo entesou, tanto que nem virou a cabeça ao ouvir o toque da campainha.

11 "Água da fonte, cansei de beber", trecho de "Sapato velho", sucesso do grupo Roupa Nova.

12 Louva-a-deus. *Mantis religiosa.* Predador matrimonial.

13 Administrar.

14 D.

Dia 4

1

2 1. Francis Bacon.
2. Miquel Barceló.
3. Alberto Durero.
4. Paul Gauguin.
5. Amedeo Modigliani.

3 "A noite é boa conselheira."

4 13.

5

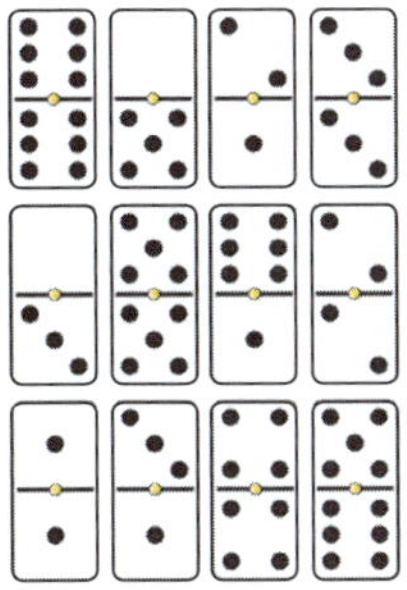

6 biscOITO, falSETE, brONZE, esTRESse, paliDEZ, geNOVÊs, reCÉM, toMILho.

7
1. Bumerangue.
2. Espada.
3. Machado.
4. Zarabatana.
5. Peixeira.

8 Mor, moro, morno, namoro, morango.

9 São os planetas do Sistema Solar, segundo a nova teoria, que exclui Plutão: Mercúrio, Vênus, Terra, Marte, Júpiter, Saturno, Urano e Netuno.

10

23	22	21	20	19
24	25	2	3	18
9	8	1	4	17
10	7	6	5	16
11	12	13	14	15

11

M	A	I	S		D	O		Q	U	E		E	M		N
E	N	H	U	M		O	U	T	R	O		M	O	M	E
N	T	O		D	A		H	I	S	T	Ó	R	I	A	,
A		H	U	M	A	N	I	D	A	D	E		S	E	
E	N	C	O	N	T	R	A		E	M		U	M	A	
E	N	C	R	U	Z	I	L	H	A	D	A	.	U	M	
C	A	M	I	N	H	O		C	O	N	D	U	Z		A
O		D	E	S	E	S	P	E	R	O		A	B	S	O
L	U	T	O	;	O		O	U	T	R	O	,	À		E
X	T	I	N	Ç	Ã	O		T	O	T	A	L	.	Q	U
E	I	R	A		D	E	U	S		Q	U	E		T	E
N	H	A	M	O	S		S	A	B	E	D	O	R	I	A
	P	A	R	A		E	S	C	O	L	H	E	R		C
O	R	R	E	T	A	M	E	N	T	E	.				
					W	O	O	D	Y		A	L	L	E	N

12

6	9	6	■	4	7	8	5	6	1	2	3	6	5	■	7	5
9	5	■	2	5	0	0	7	8	3	0	3	7	■	4	7	5
8	5	6	9	3	2	0	4	■	2	8	5	3	8	2	5	3
1	3	4	6	8	9	3	■	1	4	5	3	3	3	7	4	0
5	2	8	5	■	4	5	9	8	7	■	3	1	7	9	5	8
2	5	8	■	1	4	8	6	2	■	2	5	8	6	4	3	■
7	■	4	2	8	6	■	2	3	5	6	7	■	4	1	■	7
■	4	0	2	3	■	5	6	9	0	7	■	4	0	1	5	8
9	8	6	5	0	4	1	7	■	4	8	6	2	7	■	5	7
1	4	2	3	0	8	8	■	7	4	6	9	8	■	3	6	9
9	7	■	2	4	8	6	5	1	■	7	1	0	8	9	0	3
4	■	7	8	6	2	8	3	■	1	4	■	7	0	2	5	8
1	2	0	7	4	5	8	9	6	2	■	4	5	8	6	2	0

13 Romário.

14
1. Equipe.
2. Cidade.
3. Sereia.
4. Pátria.

Dia 5

1
1. Filme para fotos.
2. Chaveiro.
3. Garfo.
4. Tesoura.
5. CD.
6. Agulha de crochê.
7. Pente.
8. Fita cassete.
9. Telefone celular.

2 A orquestra é composta por 23 músicos. Seus instrumentos são: uma guitarra elétrica, três tubas, um xilofone, dois alaúdes, quatro trompetes, dois saxofones, três violinos, duas violas, dois violoncelos, dois violões acústicos e um teclado. O instrumento que aparece mais vezes é o trompete (4).

3 31.

4 Disciplina.

5 2 x 6 - 1 + 5; + - + +;
3 + 4 x 6 - 2; x x - x;
5 - 1 x 3 - 4; - x - +;
4 + 6 x 2 x 2.

6 Bagunça.

7 "Por que você me deixa tão solto?", trecho de "Sozinho", sucesso de Caetano Veloso.

8

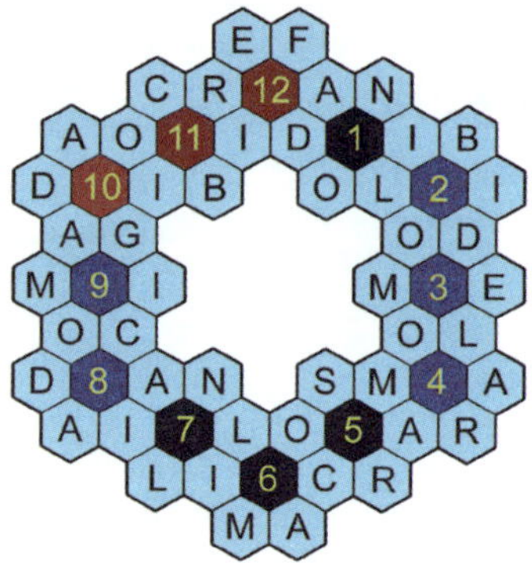

9 Extensão.

10 A realidade é que, dado que o barco flutua, sua distância da parte coberta de água é sempre a mesma.

11 Tom Hanks.

12
1. Brasília.
2. Washington.
3. Estocolmo.
4. Atenas.
5. Dublin.

13 k; L; e.

14 musaranho, rato, ratazana, cobaia, raposa, esquilo, coelho, morcego, canguru, ovelha, cabra, cão, porco, gato, foca, cervo, macaco, vaca, urso, leão, zebra, chimpanzé, cavalo, gorila, burro, hipopótamo, baleia, elefante.

Dia 6

1

2 Jaime, 6 horas menos (25 + 27 + 8) =
5 horas x 120 km/h = 600 km.
Pedro, 6 horas menos 0,5 hora =
5 horas e meia x 100 km/h = 550 km.
Jaime mora mais longe.

3

15	14	13	2	1
16	17	12	3	4
19	18	11	10	5
20	25	24	9	6
21	22	23	8	7

4 15.

5 Estrito = Severo, rigoroso.
Planície = Liso, plano.
Madrugada = Alvorada.
Nada = Coisa alguma.
Oliva = Azeitona.
Omitir = Deixar de fazer.
Propósito = Intenção.
Repleto = Muito cheio.
Satisfazer = Contentar.
Titã = Gigante.

6 Hipotecar.

7 Astronauta (astro – Na (sódio) – UTA).

8

2	3	5	8	1	■	■	6	9	9	9	■	■	■	8	9	6
9	6	0	6	8	8	■	9	7	4	8	5	9	■	5	5	4
■	■	7	0	0	8	3	3	■	■	■	7	9	1	3	8	2
■	1	4	2	5	3	6	7	■	2	6	5	3	7	7	6	■
5	8	8	■	■	1	4	3	5	0	4	7	■	■	8	■	■
4	5	2	8	9	■	6	9	7	8	■	8	6	3	0	2	3
1	2	3	4	5	6	7	8	9	■	■	9	8	9	5	0	7
7	■	■	6	9	6	9	■	9	5	8	1	4	■	■	4	7
9	8	7	■	4	5	■	■	6	6	8	4	■	9	4	7	1
5	6	8	9	4	2	5	3	8	3	■	4	8	0	4	0	5
8	6	5	9	7	3	1	■	7	0	■	■	7	7	■	8	3
4	■	■	7	6	8	9	■	■	4	2	8	3	■	4	7	8
6	2	3	■	5	1	1	7	8	3	8	9	4	■	6	8	9

9 Tiger Woods.

10 1. Barcelona.
2. Fluminense.
3. River Plate.
4. Arsenal.
5. Sporting.

11 piOLHO, PALMAtória, traPÉzio, maMÃO, aBRAÇO, alcUNHA, asSEIO, enCOSTAS.

12
A. Focinho.
B. Orelha.
C. Cachaço.
D. Papada.
E. Quarto dianteiro.
F. Peito.
G. Costelas.
H. Lombo.
I. Presunto.
J. Pata.
K. Paleta.

13 Vaca-loira. *Lucanus cervus*. Monstro em miniatura.

14 I. Natalie Portman.
J. Paz Vega.
K. Jodie Foster.
L. Jamie Lee Curtis.
M. Julianne Moore.
N. Halle Berry.
O. Salma Hayek.
P. Angelina Jolie.

Dia 7

1 1. Não há nenhuma acima nem abaixo porque estão dispostas como uma escada contínua.

2.

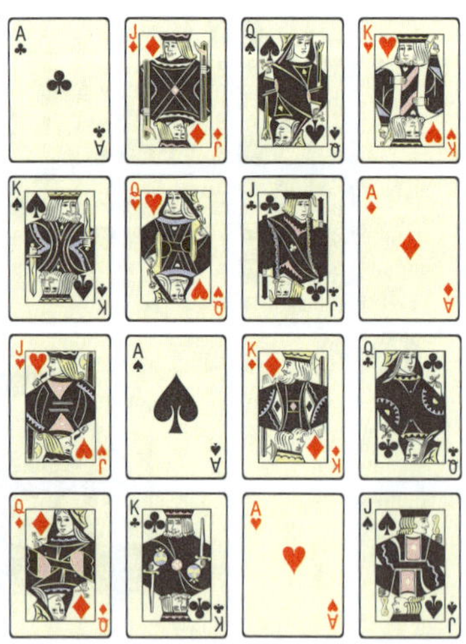

2 A - 4; B - 3; D - 2. O C não corresponde a 1.

3

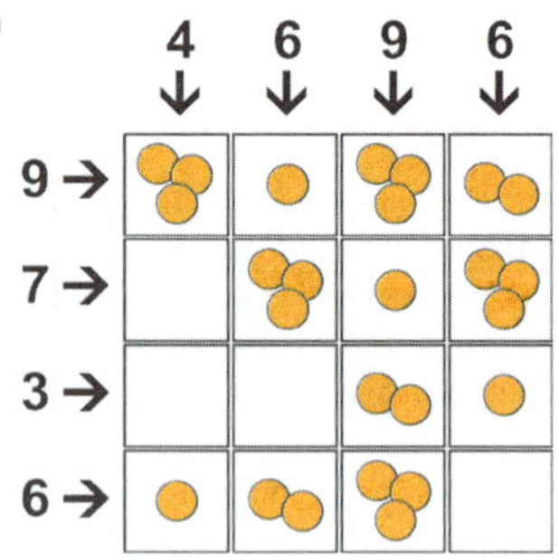

4 Seriar.

5 Céu da boca.

6 Sonolência.

7

N	I	N	G	U	É	M		N	A	S	C	E		O	D
I	A	N	D	O		O		O	U	T	R	O		D	E
V	I	D	O		À		C	O	R		D	A		S	U
A		P	E	L	E	.	A	S		P	E	S	S	O	A
S		A	P	R	E	N	D	E	M		A		O	D	I
A	R		E	,	S	E		E	L	A	S		P	O	D
E	M		A	P	R	E	N	D	E	R		A		O	D
I	A	R	.	P	O	D	E	M		S	E	R		E	N
S	I	N	A	D	A	S		A		A	M	A	R	,	P
O	R	Q	U	E		O		A	M	O	R		O	C	O
R	R	E		M	A	I	S		N	A	T	U	R	A	L
M	E	N	T	E		A	O		C	O	R	A	Ç	Ã	O
	H	U	M	A	N	O		D	O		Q	U	E		O
	S	E	U		O	P	O	S	T	O	.				
		N	E	L	S	O	N		M	A	N	D	E	L	A

8 Alho, canela, gengibre, hortelã, coentro, louro, orégano, pimenta, cebolinha, salsa, páprica, alecrim.

9 Dom Quixote de la Mancha.

10
1. Claude Monet.
2. Pablo Picasso.
3. Pierre Renoir.
4. Georges Seurat.
5. Toulouse Lautrec.

11 66.

12
1. Dosado.
2. Maracá.
3. Hélice.
4. Doente.

13 Fernando Alonso.

14
1. Músculo.
2. Chã de fora.
3. Chã de dentro.
4. Patinho.
5. Lagarto.
6. Alcatra.
7. Picanha.
8. Contrafilé.
9. Filé-mignon.
10. Filé de costela.
11. Capa de filé.
12. Aba de filé.
13. Maminha de alcatra.
14. Fraldinha.
15. Ponta de agulha.
16. Acém.
17. Paleta.
18. Pescoço.
19. Peito.

Soluções para os exercícios propostos nas páginas 18 e 33

Página 18

A E. Trata-se de uma sequência em que o número de figuras geométricas vai se reduzindo.

Página 33

No primeiro caso, a resposta é B, pois se trata de uma progressão aritmética em que a cada resultado soma-se a ordem numérica ($4 + 1 = 5$; $5 + 2 = 7$; $7 + 3 = 10$; $10 + 4 = 14$). No segundo, é a D, já que a progressão consiste primeiro em multiplicar por 2 e, do número seguinte, subtrair 1 ($3 \times 2 = 6$; $6 - 1 = 5$; $5 \times 2 = 10$; $10 - 1 = 9$).

Título Original: Entrena tu mente
Autor: Imaginarte Juegos S.L.

Coordenação editorial: Daniel Stycer
Edição: Lívia Barbosa, Daniela Mesquita, Dalva Corrêa e Jefferson Peres.
Tradução: Liame Associação de Apoio à Cultura

Ediouro Publicações Ltda.
Rua Nova Jerusalém, 345 – CEP 21042-235
Rio de Janeiro – RJ
Tel.: (21) 3882-8200 / Fax: (21) 2290-7185
e-mail: coquetel@ediouro.com.br
www.coquetel.com.br